Incidents   Roland Barthes

소소한 사건들
현재의 소설: 메모, 일기 그리고 사진

1판 1쇄 발행	2014년 11월 15일
1판 2쇄 발행	2022년 11월 1일
지은이	롤랑 바르트
옮긴이	임희근
해설	박상우
펴낸이	최재균
편집	양인숙
마케팅	김승환
디자인	땡스북스 스튜디오 김영은
펴낸곳	포토넷
등록번호	제300-2001-7호
주소	03979 서울시 마포구 성미산로 23길 54, 3동 503호
전화	02 736 1214
팩스	02 736 1217
전자우편	book@mphotonet.com

이 도서의 국립중앙도서관 출판시도서목록(CIP)은 서지정보유통지원시스템
홈페이지(http://seoji.nl.go.kr)와 국가자료공동목록시스템(http://www.nl.go.kr/
kolisnet)에서 이용하실 수 있습니다. (CIP제어번호: CIP2014030676)
ISBN 978-89-93818-69-7

INCIDENTS by Roland Barthes
Copyright © Editions du Seuil, 1987 All rights reserved.
This Korean edition was published by TNF Inc. publishing div.
in 2014 by arrangement with Editions du Seuil through KCC
(Korea Copyright Center Inc.), Seoul.
이 책은 (주)한국저작권센터(KCC)를 통한 저작권자와의 독점계약으로
(주)티앤에프 출판사업부에서 출간되었습니다. 저작권법에 의해
한국 내에서 보호를 받는 저작물이므로 무단전재와 복제를 금합니다.

포토넷PHOTONET은 사진과 시각예술 전문 브랜드로
걷는책, 포노PHONO와 함께 (주)티앤에프 출판사업부의 임프린트입니다.
사진에 대한 애정을 바탕으로 사진에 관한 전문성을 서비스합니다.
단행본, 작품집 등 사진 관련 도서를 출간하고 다양한 기획 사업을 운영합니다.
포토넷PHOTONET은 더 풍성하고 수준 높은 사진 문화를 향해 나아갑니다.

잘못 만든 책은 구입하신 곳에서 교환해 드립니다.
책값은 뒤표지에 있습니다.

PHOTONET	PHONO	걷는책
사진과 시각예술	음악, 삶의 풍요	따뜻한 문화

소소한 사건들

현재의 소설:
메모, 일기 그리고 사진

롤랑 바르트 지음
임희근 옮김
박상우 해설

차례

007   편집인의 글

013   남서부의 빛
025   소소한 사건들
149   팔라스 클럽에서, 오늘 저녁…
157   파리의 저녁들

199   해설 _ 현재의 소설:
       메모, 일기 그리고 사진

일러두기

원편집자의 각주와 해설의 각주는 숫자로, 옮긴이의 각주는 *로 표기했습니다.

편집인의 글

이 책에 실린 글들이 서로 밀접한 연관성을 가진다는 것은 글쓰기가 즉각적인 스냅들을 포착하는 데에 기울인 노력으로 입증된다. 그러니까 이 글에서 펼쳐지는 것은 이론적 연구도 아니며, 비평적 의문 제기("이것은 무엇인가? 이것은 무슨 뜻인가?")도 아니다. 잘 알다시피 롤랑 바르트는 방법론적, 이론적 혹은 이념적 무구無垢함이 가능하다고 결코 믿지 않았다. 하지만 바르트는 여기서, 잠시 방법을 바꾸어 독자에게 저자와 그리고 아주 정확히 말하자면 자신의 '쓰고자 하는 욕망'과 '하나가 될 것'—그의 에세이 '오랫동안 나는 일찌감치 잠자리에 들었다'[1]에 나오는 표현들을 다시 쓰자면— 을 제안한다. "나는 무언가를 '하는' 사람의 입장에 있지, 더 이상 무언가에 '관해' 말하는 사람의 입장에 있지 않다. 즉 나는 하나의 산물을 연구하는 것이 아니고, 하나의 생산을 떠맡는다. 나는 담론에 관한 담론을 철폐한다. 세상은 이제 내게 하나의 대상의 형태로 다가오는 것이 아니라 글쓰기의 형태로, 즉 실천의 형태로 다가온다. 나는 또 다른 유형의 앎(즉 '애호가'의 앎)으로 넘어간다…"[2]

지금껏 다른 곳에 발표되지 않았던 글 두 편에 대해 몇 마디 소개할 필요가 있겠다.

---

[1] Roland Barthes, *Le Bruisssement de la langue*, Paris, Seuil, 1984, p.313

[2] 위의 책, p.325

이 책으로 묶인 〈소소한 사건들Incidents〉은 롤랑 바르트가 1968년과 1969년에 모로코, 그중에서도 주로 탕헤르와 라바트에서, 이후엔 그 나라 남부에서 보고 들은 것을 간결히 쓰고 모아서 엮은 것이다. 출판을 염두에 두고 준비한 글인데, 원래 롤랑 바르트는 이 글을 〈텔켈Tel Quel〉지에 발표할 생각이었다. 이 글은 일종의 '유희'로서, 그 유희의 대상은 모로코라는 나라 자체가 아니라 '소설적인 것'—롤랑 바르트가 좋아한 범주[3]—이다. '소설적인 것'이란 모로코에서의 일정한 삶 덕분에 그 의미 규정이 더욱 확실해질 수 있었던 바로 그것이다. 그러니까 여기 이 텍스트 속에서 어떤 해석 같은 것은 전혀 찾을 수 없을 것이며, 그런 것을 찾을 수 있다는 생각은 당장 떨쳐내야 할 오해다. 다시 말하자면 이 글에서 모로코라는 나라와 그 국민, 그 문화나 사회문제들에 관한 롤랑 바르트의 성찰 같은 것은 전혀 찾아볼 수 없다는 얘기다. 그 대신 능히 소설 한 편을 이룰 수도 있었을 만남들—소소한 사건들—의 기록을 볼 수 있을 것이다. 어떤 의도 하에 구성된 캐릭터나 개성 같은 것은 이 글에서 모조리 배제되었다. 즉 개개인이라는 받침대가 없는, 소설의 편린들뿐인 것이다. 또한 이 글에서는 연달아 이어지는 이야기 구성도 일절 배제되었는데, 만약 그런 것이 있다면 이야기에는 불가피하게 '메시지'가 강요될 터이다.

'소설적인 것'이란 본질상 조각들이다. 이 말은 독서의 가이드

---

[3] 예를 들면 위의 책, p.370

편집인의 글

로도 유효한데, 롤랑 바르트는 여기서 그 말이 마치 순간순간의 즐거움처럼 불연속적이며 유동적인 것이기를 원했다. 《롤랑 바르트가 쓴 롤랑 바르트Roland Barthes par Roland Barthes》에 보면 이 글을 넌지시 언급하는 부분이 두 번 나오는데, 그것만 보아도 이를 잘 알 수 있다. 그 책 《롤랑 바르트가 쓴 롤랑 바르트》에서는 '책 집필 계획'이라는 제목 아래 "소소한 사건들(미니 텍스트, 쪽글, 하이쿠, 약자略字의 말뜻을 갖고 노는 언어유희, 마치 나뭇잎처럼 떨어지는 모든 것)"[4]이라고 썼다. 또 "그것은 무슨 의미인가?"라는 제목 하에 "일반적 의미와 거꾸로 가는 역방향의 책도 구상해볼 수 있다. 수많은 소소한 사건들을 이야기하면서도 거기서 어떤 일련의 의미를 끌어내는 짓 같은 것은 결코 하지 않는 그런 책. 아주 정확히 말하자면 그 책은 바로 하이쿠 같은 책이 될 것이다."[5] 실제로 이런 하이쿠 같은 책의 특징이란, 의외성 그리고 정합성의 균열, 엉뚱한 것에 특히 주목한다는 점임을 이 글에서 확인하게 될 것이다. 바로 그 자리에 소소한 사건들이 있다. 약호略號들 위로 비스듬히 떨어져 내리는 것.

〈파리의 저녁들〉은 1979년 8월 24일부터 9월 17일 사이의 약 20일 동안 쓴 글이다. 이 글은 그러니까 롤랑 바르트가 〈텔켈〉지에 '심의Délibération'라는 글—'일기 쓰기'라는 관행에 대해 그가 품고

---

[4] Roland Barthes, *Roland Barthes par Roland Barthes*, Paris, Seuil, 1975, p.153

[5] 위의 책, p.154

있는 미심쩍음에 관해 자문하는 글—을 기고한 직후에 쓴 것이다. 이 원고에는 제목이 달려 있고, 쪽수가 매겨져 있고, 심지어 뒤에서 보게 될 테지만 일목요연하게 보이기 위한 몇몇 표시까지 있다. 언젠가는 출판할 것을 염두에 두고 쓴 글임을 알 수 있다.[6]

정확히 말해 이 글은 일기가 아니고, 롤랑 바르트의 일상 속에서 실제로 별도의 조각들을 이루는 내용을 이야기로 써 남긴 유일한 글이다. 제목에 나타나 있듯이 말이다. 즉 항상 바르트의 집 밖에서 보낸, 그리고 주말까지 이어진 저녁 시간의 여러 만남들에 관한 이야기인 것이다. 그렇다 해도 이 글은 역시 '심의'라는 그의 글에 비추어 읽혀야 한다. 내밀한 일기를 작품으로 정당화하는 일은 문학적일 수밖에 없을 것이다. '문학적'이라는 말의 절대적 의미—비록 향수 어린 의미일지라도—에서 말이다.[7] 그리고 롤랑 바르트는 여기서 네 가지 '동기'들을 앞에 내세운다. 시적인 동기 즉 "글쓰기의 개별성, 하나의 '스타일'(예전 같으면 이렇게 표현했으리라), 저자만의 특유한 어법으

[6] 이것이 하나의 연습, 혹은 최초의 단상이었다는 것은 이 텍스트에 이어지는 메모가 입증한다. 그 메모는 이와 같다. "쓸데없는 저녁 모임들은 여기서(1979년 9월 22일) 중단한다. 1. 시간 낭비 안 하고 가능한 한 빨리 강의 준비를 마치기 위해. 2. 내 메모들을 확인하기 위해. 그리고 이제부터는 모든 것을 쪽지에 기록할 것"

[7] *Le Bruisssement de la langue*, p.400

로 채색된 텍스트를 내놓는 것", 역사적 동기 즉 "날마다 한 시대의 흔적, 뒤섞인 모든 위대성을 먼지로 흩날려버리는 것", 유토피아적 동기 즉 "저자를 욕망의 대상으로서 구성하는 것. 내 관심을 끄는 문인으로부터 그의 시대, 그의 취향, 그의 기분, 그의 근심의 내밀함, 그런 것들이 일상적으로 어떻게 빚어지는지를 알아보는 것, 이런 것을 나는 즐길 수 있다." 연애적인 동기 즉 '문장'을 우상처럼 숭배하는 행위로서, 하나의 '작업장'—'아름다운' 문장들이 아니라 '올바른' 문장들로 이뤄진 작업장—을 만들기, 열정과 많이 닮은 열성을 부려… 끊임없이 언술의 올바름을 벼리고 다듬는 것. 그다음엔, 우리가 아주 잘 아는 것—즉 관대함의 부족—을 짐짓 모르는 척해야 할까? 혹자는 이 글에서 경우에 따라 근대성의 형태에 관한 의혹처럼, 혹은 욕망 속의 절망처럼 이야기된 것을 그리도 깐깐하게 파악하려 하는데 말이다. 롤랑 바르트는 어떤 언술 행위에 내포된 위험 앞에서, 자기가 보아 글쓰기가 그 위험에 토대를 두고 있다고 보이는 순간, 또 언술 행위가 글쓰기에 토대를 두고 있다고 보이는 순간 그 위험 때문에 뒷걸음질 치는 부류의 사람이 아니었다. 이런 점에서 여기 이 글들은 윤리적으로도 모범이 될 만하다.

프랑수아 발 F. W.[*]

[*] François Wahl(1925-2014)
프랑스의 철학자이자 편집자. 쇠이유
출판사의 편집자로 일생을 보냈다.

남서부의 빛

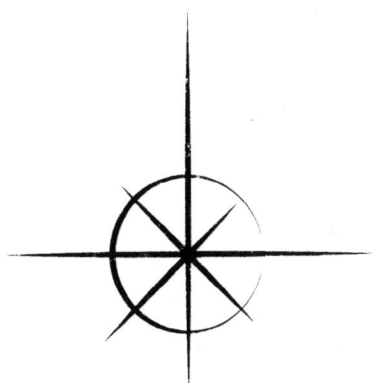

오늘, 7월 17일, 기막히게 좋은 날씨다. 벤치에 앉아, 아이들이 하듯이 재미로 눈을 찡긋거리다 보니 정원의 마가렛 한 송이가 눈에 띄는데, 꽃은 모든 비율을 여지없이 깨고 내 바로 앞에 보이는 도로 저 편 풀밭 위로 납작 엎드리듯 피어 있다.

이 도로는 마치 평온한 강처럼 죽 벋어 있고, 이따금씩 모터를 단 자전거나 트랙터가 그리로 지나가곤 한다(이제는 이런 것이 진정한 시골의 소리다. 어쨌든 새들이 지저귀는 소리보다 이런 것이 덜 시적인 소리는 아니라는 말이다. 자전거나 트랙터 소리는 워낙 드물기 때문에 더욱 더 자연의 고요함을 부각시키며, 자연에 인간 활동의 신중한 표식을 새겨놓는 것이다). 길은 마을 중에서도 멀리 외따로 떨어진 구역들을 두루두루 돌면서 이어진다. 왜냐하면 비록 이 마을이 보잘것없는 마을이라도 그 나름대로 마을에 딸린 외곽 지역들도 있기 때문이다. 프랑스에서 마을이란 항상 모순을 내포한 공간이 아니던가? 마을이란 면적이 좁으며, 중심 지역이 있으면서도 또 아주 멀리까지 뻗어 있다. 내가 사는 마을은 아주 마을다운 마을이라서 광장도 단 하나, 성당도 하나, 빵집도 하나, 약국 하나 그리고 식품점 두 곳이 있다(이제는 가게라기보다 무인 식품점이라고 말해야 하리라). 하지만 인문지리의 확실한 법칙에서 벗어나는 변덕의 일종으로, 이발소 두 곳과 의원醫院 두 곳이 있다. 프랑스가 절도節度의 나라라고? 차라리 이렇게 말하자—이는 국가 생활의 모든 단계에 걸쳐 하는 말인데—그 비율이 복합적인 나라라고.

마찬가지로, 나의 남서부는 내가 어떤 인식 수준으로 그걸 포착하기로 마음먹는지에 따라 의미가 달라지는 이 이미지들처럼, 널리 확장할 수가 있다. 그래서 나는 주관적으로 세 가지 남서부를 알고 있다.

첫째, 나의 남서부는 매우 광활하여(프랑스 국토의 사분의 일), 본능적으로 내게 남서부를 그려주는 것은(왜냐하면 내 경우 남서부 전체를 속속들이 찾아다닌 경험과는 거리가 머니까) 끈질긴 연대감이다. 이 공간으로부터 내게 오는 소식은 모두 개인적인 방식으로 나를 감동시킨다. 잘 생각해보면, 이 광대한 남서부 지방의 단일성이 내겐 언어인 것 같다. 남서부 지방 사투리가 아니라(왜냐하면 나는 랑그도크 어*는 전혀 모르니까) 억양을 말하는 것이다. 남서부 말의 억양은 내 유년 시절을 특징짓는 억양의 모델이 되었던 것 같으니까. 이 가스코뉴 억양(넓은 의미에서)은 내겐 또 다른 남프랑스 억양, 즉 지중해 쪽 남프랑스의 억양과는 구분된다. 지중해 쪽 남프랑스 억양은 오늘의 프랑스에서

*프랑스 남부 중에서도 남동부 쪽에서 옛날에 쓰이던 오크 어를 말한다. 그 언어가 쓰이던 지방을 랑그도크 지방이라고 한다.

뭔가 대세를 이루고 있다(레뮈, 페르낭델* 등의 예로 보아도 그렇다). 영화에 잘 나오는 민속적 특징(레뮈, 페르낭델), 광고에 나오는 민속적 특징(식용유, 레몬), 그리고 관광에 관련된 민속적 특징 덕분에 지중해 쪽 남프랑스는 대세를 이룬다. 남서부 억양은 (아마 지중해 쪽 남프랑스에 비해 좀 더 무겁고, 노래하듯 높낮이가 뚜렷한 성조聲調는 덜한 것 같은데) 그러한 근대성의 기호를 지니지 못했다. 남서부 사투리 억양의 전형적 예로 들 수 있는 것이라면 럭비 선수들의 인터뷰 정도다. 나로 말하자면, 내 말투에는 억양이 없다. 그렇기는 하지만 어린 시절의 잔재인 '남쪽 지방색'은 있다. '사회주의socialisme'라는 말을 발음할 때 나는 '소시알리슴'이라 하지 않고 '소시알리즘'이라 한다(누가 알랴? 이렇게 두 가지로 발음하면 혹시 같은 사회주의에도 두 가지가 있게 되는 것인지?).

나의 두 번째 남서부는 지역이 아니다. 그건 단지 하나의 선線, 직접 체험한 하나의 궤적이다. 파리에서 차를 타고 내려올 때(나는 이런 여행을 천 번쯤 했다) 앙굴렘**을 지나면, 이제 집 문턱을 넘어서 유년 시절의 고장으로 들어간다고 내게 알려주는 그 어떤 신호가 있다. 한옆에 소나무 숲이 있고, 집 뜰에는 종려

*지중해 쪽 남프랑스 출신의 유명 배우들
**프랑스 중남부에 있는 도시

나무가 한 그루 서 있고, 일정 높이에 떠 있는 구름들 때문에 대지는 얼굴 같은 변화무쌍함을 부여받는다. 바로 이때, 고상하면서도 미묘한 남서부의 눈부신 빛은 시작된다. 결코 잿빛을 띠는 법이 없고 절대로(심지어 해가 나지 않을 때에도) 낮게 내려오는 법이 없는 이 빛은 '빛이자 공간'으로서, 그것이 사물에 어떤 색깔을 입히는가에 따라 규정된다기보다는(지중해 쪽 남프랑스에서 그러하듯이 말이다)—그것이 대지에 부여하는, 그래서 이 땅을 '살 만한' 곳으로 만드는 특성에 의해 규정된다. 내 입장에서는 '이것은 반짝이는 빛이다'라고 말하는 수밖에 다른 도리가 없다. 이 빛은 가을—이 지방에서 단연 최고의 계절—에 보아야 한다(아니 차라리 '들어야 한다'고 해야겠다. 그럴 만큼 그 빛은 음악적이니까). 물처럼 흐르며, 반짝이며, 사물 하나하나를 저마다 다르게 비추어주는(남서부는 '미세한 날씨'의 고장이다) 일 년의 마지막 아름다운 빛이기에 비통하다. 그 빛은 이 고장을 일체의 천박함, 부박함으로부터 지켜주며, 이 고장을 그저 쉽게쉽게 해치우는 관광에 걸맞지 않은 곳으로 만들고, 이 고장 특유의 심오한 귀족주의를 드러낸다(이때 귀족주의란 계층의 문제가 아니라 기질의 문제다). 이렇게 찬사 일변도로 이야기를 하자니 마음에 문득 한 가지 가책이 들기도 한다. 그러면 남서부의 이런 날씨에 심술궂은 순간들은 결코 없는가? 물론 있다. 하지만 내게 그런 순간들은 비가 오거나 폭풍이 몰아칠 때가 아니다(실제로 그런 순간들이 종종 있기는 하다). 하늘이 잿빛으로 흐린 순간들도 아니다. 여기서는 혹 빛이 사고를 친다 해도 그래서 전혀 우울해지지는 않는다. 그런 사고들은 '혼'에 영향을 미치지 않고, 다만 육체에만 영향을 미칠 뿐인데, 그래서 육체는 때로 습기로 끈적대고, 엽록소에 푹 절고, 아니면 피레네 산맥을 아주 가깝게, 보라색으로 보이게 하는 스페인의 바람에 나른해지거나 기진하게 된다. 그건 모호한 느낌인데, 그중에도 피로감은 결국 어딘지 감미로운 구석이 있다. 매번 동요되는 것은 (내 시선이 아니라) 내 몸이니까 말이다.

나의 세 번째 남서부는 더욱 더 제한되어 있다. 그건 내가 어린 시절을 보내고 이어 청소년기의 방학을 보낸 도시(바욘), 내가 해마다 되돌아오는 마을, 그 도시와 그 마을을 잇는 여정, 내가 시내에 나가 시가나 문구류를 사기 위해, 또는 역에 친구 마중을 나가기 위해 그토록 숱하게 주파한 길이다. 여러 길들 중에 내가 택한 길이 있다. 하나는 다른 길보다 좀 더 긴데, 내륙을 거쳐 가며 베아른 지방과 바스크 지방이 섞인 풍경을 관통한다. 또 하나의 길은 감미로운 시골길인데, 아두르 강을 굽어보는 들쭉날쭉한 해안선을 따라서 나 있다. 이 큰 강의 다른 쪽 강변에서 보면 먼 곳에 어둡게 서 있는 나무들이 계속 이어지며 벤치 같은 형상을 이룬 것이 보인다. 랑드 황원의 소나무들이다. 세 번째 길은 아주 최근(올해)에 생긴 길인데, 아두르 강 좌안左岸을 죽 따라서 나 있다. 이 길로 가면 빨리 갈 수 있다는 것, 그리고 좁게 트인 시야로 가끔씩 문득문득, 매우 폭넓고 부드럽게 흐르는, 수상 스포츠 클럽의 하얀 작은 돛들이 점점 떠다니는 아두르 강이 보인다는 것 말고는 딱히 내세울 것이 없는 길이다. 내가 선호하는 길, 종종 일부러 즐겨 가곤 하는 길은 아두르 강 우안右岸을 따라 난 길이다. 그 길은 옛날에 배끌이曳船에 쓰이던 길인데, 농가들과 멋진 저택들이 길 따라 죽 들어서 있다. 내가 이 길을 좋아하는 것은 자연스럽다는 점과 남서부 지방 특유의 고상함과 친근함이 적절히 배합되어 있다는 점 때문인 것 같다. 아두르 강 좌안을 따라 나 있는 강변도로와는 반대로 이 길은 여전히 실제로 사용되는 대로라고 할 수 있다. 교통을 위해 뚫어놓은 기능적 연결 통로가 아니라 복합적 경험이라고나 할 그 무엇, 끊임없이 펼쳐지는 구경거리(아두르 강은 사람들에게 잘 알려지지는 않았지만 아주 아름다운 큰 강이다)와 조상들이 하던 일—걷기, 풍경이 천천히 리듬 타듯 스며들어 그때부터는 전혀 다른 비율을 띠게 되는 일—의 추억이 동시에 일어나는 그런 경험의 자리 말이다. 우리는 여기서 글 첫머리에 얘기했던 것, 그리고 파고들어가 보면 결국 그림엽서의 굳어버린 부동성을 무너뜨리는 이 고장의 힘이라 할 수 있는 그것을 다시 만나게 된다. 너무 사진만 찍으려들지 말 일이다. 판단하려면, 사랑하려면 여기 와서 있어 보아야 한다. 그래서 곳곳의, 사철의, 시간의, 빛의 일렁이는 물결무늬 전체를 두루 겪어볼 수 있어야 한다.

사람들은 아마 내게 이렇게 말할 게다. "당신은 지금 날씨가 어떻다는 둥, 막연히 미적인, 어쨌든 순전히 주관적인 느낌만 얘기하네요. 사람들, 관계들, 그곳의 산업, 상점, 여러 가지 문제점들은 언급하지 않지요? 아무리 그냥 사는 사람일 뿐이라도 이런 것들은 전혀 눈에 안 들어오나요?" 무슨 말씀! 나는 내 방식대로 현실의 이 지역 속에 들어간다. 즉 내 몸을 갖고 들어간다는 말이다. 그런데 내 몸은 곧 내 유년 시절이다. 역사가 만들어놓은 그대로의 어린 시절. 이 역사는 내게 시골의, 남프랑스의, 부르주아 계층의 청년기를 부여했다. 내게서 이 세 가지 요소는 따로 떼어놓고 생각할 수 없다. 나에게 부르주아 계층 하면 지방이고, 지방 하면 바욘이며, (어린 시절의) 시골 하면 항상 바욘에서 좀더 내륙 쪽으로 들어간 시골, 소풍과 방문과 이야기로 짜인 망網이다. 이런 식으로 기억이 형성되는 나이에, 나는 '거대한 현실들'로부터 오직 그것들이 내게 부여하는 '감각'—냄새, 피로감, 목소리, 돌아다니기, 빛, 즉 실재에서 어찌 보면 무책임한 것, 그리고 의미라면 오로지 훗날 잃어버린 시간의 추억을 형성한다는 의미뿐인 것—만을 취했던 것이다. (내 어린 시절 중 파리에서 보낸 시기는 이와 전혀 달랐다. 물질적 곤궁에 찌들었던 그 유년은 말하자면 빈곤이라는 것을 혹독하게 추상화해 놓은 개념이었고, 그 시절의 파리에서 나는 어떤 '느낌'이라 할 만한 것을 갖지 못했다.) 그래서 내가 추억으로 내 안에 굴절된 모습 그대로의 남서부 지방에 대해 이야기하는 것은 주베르가 공식화해 놓은 이런 말을 믿기 때문이다. "사람은 자기가 느낀 대로 속마음을 표현해선 안 되고, 자기가 기억한 대로 표현해야 한다."

그러므로 이러한 하찮음은 마치 사회학적 지식과 정치학적 분석의 대상인 이 광대한 지역으로 들어가는 문과도 같다. 예를 들면 내 추억 속에서 니브 강과 아두르 강 사이, 사람들이 '작은 바욘'이라 부르는 옛 동네의 냄새들보다 더 중요한 것은 아무것도 없다. 그 동네에서는 올망졸망한 구멍가게에서 파는 물건들이 모조리 뒤섞여 도저히 모방할 수 없는 어떤 향내를 이룬다. 바스크 족 노인이 만든 샌들(여기서는 그 신발을 가리켜 '에스파드리유espadrille'라고 부르지 않는다)의 끈, 초콜릿, 스페인 식용유, 어두운 가게와 좁다란 거리의 텁텁한 공기, 동네 도서관 장서들의 낡은 종이, 이 모든 것이 마치 없어진 가게(실제로 이 동네는 아직 그 예스러운 매력을 조금씩은 간직하고 있건만)의 화학식 같은 기능을 하였거나, 좀 더 정확히 말하자면 지금도 그 사라짐의 공식 노릇을 하고 있다. 냄새를 통해 내가 포착하는 것은 어떤 소비 유형의 변화 그 자체이다. 이제 샌들(서글프게도 고무로 밑창을 덧댄)은 더 이상 가내수공업으로 만들어지지 않고, 초콜릿과 식용유는 도시 외곽에 있는 대형 마켓에 가서 사는 물건이다. 그 냄새들은 이제 끝났다. 역설적으로 도시 공해의 확산이 집안 특유의 향기들을 내쫓아버린 듯하고, 마치 '순수성'이 오염의 믿기 힘든 한 형태인 것처럼 말이다.

또 다른 귀납적 추론. 나는 어린 시절에 바욘의 부르주아 가정들을 많이 알고 지냈다(그 시절의 바욘은 상당히 발자크 적인 데가 있었다). 나는 그들의 습관, 그들의 의례, 그들의 대화, 그들의 생활 방식을 알았다. 그들 자유주의 부르주아 계층은 자산이 아니라 선입견으로 가득 차 있었다. 그 계층의 이념(솔직이 말해 반동적인)과 경제적 지위(때때로 비극적인) 사이에는 말하자면 꼬인 데가 있었다. 이 불균형은 사회학적이나 정치학적인 분석으로는 결코 잡히지 않는다. 사회학적, 정치학적 분석은 마치 성근 체처럼 작용하여 사회적 변증법에서 '미묘한 점들'을 그냥 다 흘려보내버리기 때문이다. 그런데 이런 미묘한 점들—혹은 이러한 '역사'의 역설들—, 난 그런 것을 어떤 말로 공식화해 표현할 줄은 몰랐어도 느끼고 있기는 했다. 나는 이미 남서부 지방을 '읽고' 있었고, 하나의 풍경의 빛, 스페인에서 불어오는 바람 아래

나른해진 하루의 무게에서부터 담론의 한 유형, 사회적 지방적인 한 유형 전체에까지 이르는 텍스트를 죽 훑고 있었다. 왜냐하면 어느 고장을 '읽는다'는 것, 그건 우선 육체와 기억에 따라, 육체의 기억에 따라 그 고장을 인식하는 것이니까. 작가에게 주어지는 자리는 바로 이 지식과 분석의 입구라고 나는 생각한다. 작가는 유능한 사람이기보다는 의식하는 사람, 즉 능력의 틈새 자체를 의식하는 사람인 것이다.

그렇기 때문에 유년 시절은 우리로 하여금 어떤 고장을 가장 잘 알 수 있게 이끌어주는 왕도이다. 결국 '고장'이란 유년 시절의 고장밖에는 없는 것이다.

〈위마니테〉, 1977년

소소한 사건들

모로코에서, 예전에…

열차 내 바bar의 종업원이 어느 역에서 내리더니 빨간 제라늄을 한 송이 따가지고 물 컵에 꽂아서, 설거지할 찻잔이며 더러운 행주가 마구 널려 있는, 어지간히도 지저분한 개수대와 커피 내리는 기구 사이에 놓아두었다.

프티 소코 광장에서, 격분한(여기서 격분이란 광기의 모든 특징을 다 지녔다는 뜻) 소년이 푸른색 셔츠를 바람에 펄렁거려가며 웬 유럽인에게 삿대질하면서 욕을 퍼붓는다. "고 홈Go home!" 소년이 사라진다. 몇 초 뒤, 노랫소리가 장례 행렬이 다가옴을 알린다. 운구 행렬이 나타난다. 교대로 관을 든 사람들 중에 이때만 잠시 얌전해진 아까 그 소년이 있다.

'왕의 사촌'이라 불리는 미남 흑인 그 사람이 (짐짓 아랍어를 모르는 척하면서) 미국 흑인 행세를 한다는 소리를 들었다.

장발長髮 사냥. 라파엘리토가 주장하기를 잠자는 사이에
아버지가 자기 머리를 싹둑 잘라버렸다고. 또 다른 사람들
말로는, 경찰관들이 길거리에서 강제로 사람들의 머리를
밀어버린다고 한다. 청년들의 검은 머리칼에 그대로
드러나는 저항과 억압.

두 미국인 노파가 키 큰 시각장애 노인을 억지로 잡아끌어 길을 건너게 해준다. 하지만 그 외디푸스 맹인 노인이 더 좋아했을 듯싶은 건 돈이다. 돈, 돈, 찻길 건네주는 도움 같은 게 아니라.

몸매가 날렵한, 거의 순둥이로 보일 정도인, 그러나 이미 양손이 약간 두툼해진 소년이 갑자기 번개처럼 빠르게, 제법 사내티 물씬 나는 몸짓을 한다. 담뱃재를 손톱으로 툭 튕겨 떨어버린 것이다.

압데르는 깨끗한 수건 한 장을 원하는데, 더러움 타는 것을
종교적으로 두려워하여, 수건을 따로 두었다가 나중에
사랑 행위를 치른 자기 몸을 닦아 정화하려고 그런다.

짧은 회색 턱수염을 지극정성으로 손질하고, 손도 역시
잘 다듬은 성직자 어른 하지가, 결이 곱디 고운 천으로 지은
새하얀 젤라바*를 예술적으로 차려 입고 새하얀 우유를 마신다.
하지만 이것 한 가지. 비둘기가 볼 일을 본 것인지,
티 없이 말끔한 그의 두건 위에 한 점, 살짝 똥 채색.

*이슬람권 남자들의 의상인 두건 달린 헐렁한 긴 저고리

젊지 않은, 처덕처덕 화장한 지저분한 몰골의 유럽 여자. 뭔가 주렁주렁 늘어뜨린 것, 풀어 헤친 것—머리칼, 쫑쫑 땋은 머리, 긴 외투, 술 달린 가방과 치마—에 집착하는 취향을 가진 그녀가 프티 소코 광장을 가로질러 걸어간다. '온통 주렁주렁 늘어뜨린' 저 여자는 "소련의 마녀"다(라고 어느 소년이 눈썹 한 번 까딱 않고 내게 단언한다).

복도에서 발견된 아이는 박스 속에서 자고 있었는데, 그 아이 머리가 마치 목 잘린 얼굴처럼 박스 바깥으로 튀어나와 있었다.

프티 소코 광장 부근에, 유럽인 한 쌍이 히피들을 대상으로 감자튀김 파는 노점을 열었다. 현수막에는 이렇게 쓰여 있다. "위생은 우리 전문 분야Hygien is our speciality." 그런데 여자는 재떨이를 길거리에 내다 비운다—이건 '영국식'이 아닌데.

남들이 보는 앞에서 한 소녀가 시골사람인 어머니에게
야단을 맞고 있다. 소녀는 꺅꺅 소리를 질러댄다. 어머니는
침착하고 집요하다. 마치 행주 쥐듯이 딸의 머리채를 거머쥐고
머리를 규칙적으로 딱딱 때린다. 즉시 둥그렇게 군중이 운집한다.
안마사의 판정으로는 어머니가 그럴 만하다고. "아니 왜?"
"저 계집애가 개차반이거든" (사실은 아무것도 모르면서)

조그만 바지를 입고 모자를 쓴 다섯 살짜리 꼬마가 문을 두드리고―침을 뱉고―제 고추를 만진다.

눈 먼 늙은이, 젤라바를 걸치고 수염이 새하얀 걸인.
당당하고, 무심하고, 고풍스럽고, 소포클레스적이고, 오데옹
극장* 무대를 연상시키는 모습인 반면, 그를 위해 돈푼을
구걸하는 십 대 소년의 얼굴에는 이런 상황에서 당연시되는
온갖 표정이 담긴다. 고통스러운 그의 이목구비는 부루퉁 내민
입이 점점 아래로 처지면서 더 찡그려져 괴로움, 비참, 불공평,
불운을 그대로 드러낸다. 보세요! 보세요! 그 아이의 얼굴은
말한다. 더 이상 앞 못 보는 이 사람을 좀 보라고요.

* 파리 시내에 있는 국립 연극 공연장

무허가 노점에서 물건 파는 어린 소녀들. 박하며 레몬 등. 사복 입고 돌아다니는 비열한 형사. 딱딱한 표정이다. 그는 여자애들을 함부로 대하고 혹독하게 굴지만, 그 애들이 단속당하면 도망치도록 그냥 내버려두기는 한다.

감미로운 공상. 손이 보드라운 모하메드라는 남자, 제사製絲 공장 직공인 그가 주장하길, 유대인들이 다니는 교회당은 토요일이면 불이 꺼져 있다고. 그는 내게 그 교회당을 가리켜 보인다. 그곳은 스페인의 카푸친* 성당이라고. 그의 말로는 유대인들이 종교집회 때 그 성당을 사용한다고(유대인들에게 그 성당을 빌려준다고) 한다.

*프란치스코 수도회의 별칭

초라한 우비를 입고 (밝은 파랑색의) 날티 나는 모자를 눌러 쓴 흑인 십 대 소년 그리고 히피 스타일의 계집애가 지저분한 보도를 맨발로 걸어서 '카페 상트랄'에 앉아 있는 원주민들 앞으로 지나간다. 그 사내아이는 계집애 하나를 꿰찼지만, 겉으로는 괴상한 서양적인 것을 공공연히 추종한다.

'이베리아' 항공사 카운터에 앉은 여직원은 웃음 짓지 않았다. 그녀의 목소리는 단호하고, 화장은 진하지만 메마른 느낌이고, 아주 긴 손톱에는 핏빛 같이 빨간 매니큐어를 칠했다. 오랫동안 몸에 밴 권위적 동작으로 길쭉한 항공권들을 만지작거리고 접고 하는 저 손톱들….

박하차를 우려내는 찻주전자. 금속제에다 플라스틱 버튼도 없는 물건인데 모로코의 미들급 권투 챔피언과 함께 가서, 그의 도움을 받아 구입한 것.

그는 내가 '왕의 사촌'을 도울 능력이 있는 사람이 못 된다고 신중하게 단언하며 내 마음을 안심시킨다. 그의 말인즉, 진$_{gin}$을 거래하는 주류업계 거물들에게 얻어낼 무려 수백만 프랑의 거금 관리 건에 대해 내가 조언을 좀 해주면 좋겠다고.

테투안에서 기숙생으로 있는 압데살람은 오늘 아침에 류마티스 관절염에 바르는 연고와 물이 끓으면 소리 내는 찻주전자 꼭지를 사러 탕헤르에 온 것 같다(난 우연히 그와 마주쳤다).

민트 크림 색깔의 셔츠와 아몬드 열매 빛 녹색 바지에 주황색 양말과 매우 유연해 보이는 빨간 구두를 신은 피부가 시커먼 청년.

춤추는 텁석부리 앞에서 '왕의 사촌'이 내게 알려준다.
저 사람은 철학자라고. 그의 말인즉, 철학자가 되려면 네 가지가
필요하다고. 첫째 아랍어 학사 학위가 있을 것. 둘째 여행을 많이
할 것. 셋째 다른 철학자들과 많이 접촉할 것. 넷째, 현실에서
뚝 떨어져, 예컨대 해변 같은 곳에 있을 것.

하얀 분(거의 검은빛이 도는 흰색)을 바른 듯한 흑인 청년이 번쩍거리는 빨간 후드 점퍼를 입고 있다.

프티 소코 카페, 7월이면 테라스가 사람들로 가득 찬다. 한 무리의 히피들이 와서 앉는다. 그중의 남녀 한 쌍. 연한 금발에 몸집이 뚱뚱한 남편은 노동자용 멜빵 달린 작업복 바지를 입고 그 속엔 아무것도 걸치지 않았다. 아내는 바그너풍의 치렁치렁한 잠옷 차림이다. 그녀는 어린 딸의 하얗고 말랑한 손을 쥐고 있다. 보도 위에서, 함께 온 일행의 다리 사이로 딸을 오줌 뉘는데, 그러건 말건 일행은 전혀 개의치 않는다.

청색 젤라바 입은 사람이 하나라도 있는지 찾아보지만,
헛수고. 시리가 하는 말 "파란색 양¥ 같은 건 없잖아요."

무스타파는 자신의 챙 달린 운동모자를 애지중지한다. "난 내 모자가 좋아." 그는 사랑을 나눌 때도 그 모자를 벗고 싶어 하지 않는다.

민자 호텔 안뜰에서, 긴 빨강 원피스를 입은, 좀 넋 나간 듯한 여인이 내게 대놓고 묻는다. "화장실"이 어디냐고.

음운론적 타당성의 실례實例:

장터의 어느 젊은 장사꾼이 (적극 개입하는 표정으로) 묻는다.

튀tu/티ti(이 두 발음은 변별력이 없다) 뵈 타피tapis/타페taper

(이건 변별력이 있다)*

*이 장사꾼이 원래 하려는 말은 "융단 살래요?(튀 뵈 타피?)"라는 말인데 아랍인 특유의 발음 구조 때문에 "티 뵈 타페?"로 들린다. 이 경우 '티'는 그런 대로 '튀'로 해석되는 반면, '타피'를 '타페'라고 발음하면 "당신 때릴래?(튀 뵈 타페?)"라는 의미로 해석된다.

알리와(아무리 불러도 지겹지 않은 예쁜 이름)는 티끌 한 점 없는 하얀 바지를 즐겨 입는다(흰 바지 입을 계절치고는 좀 늦다). 하지만 워낙 장소가 불편한 곳이다 보니, 우유 빛깔 흰 바지엔 항상 한 점 얼룩이 져 있었다.

탕헤르의 바닷가(가족들, 아줌마들, 남자아이들이 득실거리는).
늙은 노동자들이 아주 오랜 옛날 느리디 느린 곤충들처럼,
모래밭을 쓸고 있다.

탕헤르의 노병老兵 셀람이 폭소를 터뜨린다. 이탈리아 사람 셋을 만났는데 그들 때문에 시간 낭비를 했다는 것이다.
"그 친구들, 글쎄 내가 여자인 줄 알더라고!"

갈색(때에 절은 누더기 색깔) 젤라바를 입은 시골 늙은 농부.
빛바랜 분홍색 굵은 양파를 묶은 엄청나게 큰 타래를 어깨에서
허리로 멜빵처럼 둘러메고 있다.

매력 있는 괴짜 영국 노인 '파파'는 라마단 기간에는 공감하는 뜻*으로 점심을 거른다(할례** 받은 어린 소년들이 안됐다는 생각이 들어서란다).

* 원문에는 영어로 '*by sympathy*'라고 되어 있다.
** 고대부터 많은 민족 사이에서 행해진 의례의 하나로, 성기 일부분을 절개하거나 절제하는 것을 뜻한다.

아침 아홉 시, 투박한 젊은 남자가 프티 소코 광장을 가로질러 가는데, 어깨에 걸머진 살아 있는 양 한 마리는 네 다리를 한데 묶어 앞쪽으로 늘어뜨렸다(성경에 나오는, 목자의 몸짓).
어린 소녀가 암탉을 품에 안고 쓰다듬으며 지나간다.

호텔 창문으로 내다보면, 인적 드문 산책로에(아직 이른
일요일 아침. 멀리 사내아이들이 축구 하러 바닷가로 가고 있다)
양 한 마리와 꼬리를 바짝 세운 작은 개 한 마리가 보인다.
양은 개를 한 걸음 한 걸음 뒤따라간다. 그러다 결국
개한테 올라타려 한다.

휑한 역(아실라 역)에서 그가 방금 내린 기차에 올라타
있는 나의 눈엔 비 맞으며 혼자 큰길을 달려가는 그의 모습이
보이는데, 그는 "서류를 넣게" 달라던 빈 시가 상자를
손에 꽉 쥐고 있다.

살레의 어느 거리. 일제 단속이 있다고 누군가 알리니,
누더기를 걸친 사람들이 후다닥 달아난다. 열네 살 먹은
아이는 그대로 앉아 있는데, 오래 묵어 딱딱해진 과자가 담긴
쟁반을 무릎에 올려놓은 상태다. 몸집이 큰 군인 겸 경찰이 곧장
그 아이에게 가더니 무릎으로 아이의 배를 냅다 한 번 걷어차고
과자 쟁반을 뺏는데, 중간에 멈추지도 않고, 뒤도 안 돌아다보고,
말 한마디 없이 계속한다(아마 그들은 그 과자를 먹어버리겠지).
아이는 얼굴을 저쪽으로 돌리고, 애써 울음을 참는다. 잠시
머뭇거리는가 싶더니 사라진다. 나는 같이 있는 친구 두 명
때문에 입장이 곤란해서, 아이에게 2천 프랑을
주고 싶은데도 참는다.

라신 희곡풍의 시작 : 달콤하게 비위 맞추는 투로,
"나 보이죠? 당신 나 만지고 싶어요?"

예쁘장하고 진지한, 회색 정장을 잘 갖춰 입고 금팔찌를 차고
섬세한 손을 가진 말쑥한 청년이 올랭피크 루주 담배를 피우고
차를 마시며 상당히 강렬하게 이야기를 하다가(공무원인지?
혹시 늑장 부리며 서류를 처리하는 그런 부류?) 자기 무릎에
침 한 줄기를 찍 흘린다. 옆에 있던 동료가 그에게 슬쩍
그걸 알려준다.

그는 화장실 청소용 솔을 사용하여 비데를 힘차게 닦고 있다. 화장실 솔로 닦는다고 내가 지적하니까 그가 한다는 소리,
"비데만 이걸로 닦는 거예요!"

어느 연주회(틀림없이 독일인들이 하는 연주회)에서, 홀에
두 젊은이가 심각하게 대화를 나누고 있다(남의 시선 끄는 것을
좋아하고, 그래서 유럽식으로 남들을 아랑곳하지도 않는 이들).
둘 중에 벨벳 상의를 입은 청년은 입에 파이프를 물고 있다.

라바트의 어느 식당에서, 시골 남정네 넷이—소스, 샐러드, 고기, 정장 양복들 틈바구니에서—설탕을 듬뿍 넣은 우유를 마시고 빵을 큰 덩어리째 천천히 먹는다.

아흐메드라는 사람이 역으로 다가오는데, 그가 입은
하늘색 스웨터 앞섶에는 찌든 주황색 얼룩이 커다랗게 져 있다.

군중, 집회, 저 멀리 현수막, 뭐라뭐라 적힌 깃발들,
경찰의 호각 소리. 무슨 파업인가? 정치적 시위인가? 아니다.
모하메디아 기술학교의 초라한 신입생 환영회 행사. 트럭에
올라탄 짧은 치마 아가씨, 프랑스 샹송들, 교훈적인 이런 문구들:
"우리를 기다리는 위대한 노동을 의식하자.",
"오늘은 신입생, 내일은 기술자."

'낮과 밤' 카페에서 만난 파리드가 한 걸인 때문에 화를 내고 있다. 그 걸인이 내게 대뜸 담배 한 대 달라고 청하더니 담배를 받아든 후엔 "뭐 좀 먹게" 돈을 달란다. 이렇게 조금씩 조금씩 남을 벗겨먹는 (하지만 아주 흔해빠진) 틀에 박힌 꼬라지에 파리드가 분개하는 것 같다. "거 봐요, 달라는 대로 주니까 저런 식으로 보답하잖아요!" 그런데 1분 후, 그 걸인 곁을 떠나면서 내가 담배 한 갑을 통째로 건네주자 (그는 고맙다는 말 한마디 없이 담배를 넙죽 받아 챙긴다) "먹을 것 좀 사게" 5천 프랑 달라는 그의 말소리가 들린다. 그 말에 내가 웃음을 터뜨리니, 그는 이른바 '차이점'을 내세운다. (여기서 우리가 서로 다르다는 것이 입증된다. 왜냐하면 그는 자신을 한 인간으로가 아니라 하나의 욕구로 생각하기 때문이다.)

압델라티프—그렇게도 관능적인 그—는 바그다드의 교수형이 정당하다고 딱 잘라 말한다. 재판이 그리 신속하게 이루어진 것을 보면 피고인들은 분명 유죄라는 얘기다. 그래서 이 경우 교수형은 재론의 여지가 없다는 것이다. 교수형이라는 바보짓의 야만성과 그의 몸이 지닌 생생한 온기, 둘 사이의 모순, 그가 이렇게 징벌을 옹호하는 뻔한 신조를 늘어놓는 동안에도 내가 상당히 얼빠진 상태로 계속 쥐고 쓰다듬는 그의 두 손은 언제나 내 것이라는 사실.

모르는 소년이 찾아왔는데, 자기 친구가 가라 해서 왔단다.
"원하는 게 뭐지? 왜 왔어?"
"자연이오!"
 (예전에 다른 소년은 말하기를 "사랑이오!")

셸라 공원. 키가 훌쩍 큰 사춘기 소년, 반지르르한 머릿결에
흰색 일색으로 차려입고, 하얀 진 바지 밑엔 발목까지 올라오는
신발을 신고 베일 쓴 두 누이와 함께 있는 그는 나를 한참
쳐다보더니 침을 뱉는다. 거절을 뜻하는 건지 아니면
우연히 그런 것인지?

파리에서 올 때 "기념품"을 사다 달라던 그 청년에게
그런 것을 사다주기가 난감함. 가진 게 아무것도 없는 사람에게
어떤 멋진 부가품附加品을 줄 것인가? 라이터? 그걸로 불 붙일
담배나 있나? 어떤 기호처럼 돼버린 기념품, 즉 쓸모가 없어도
너무 없는 물건을 고른다. 놋쇠로 만든 에펠 탑.

보호령 시대*의 잔재(작은 일용잡화상)인 한 프랑스 인.
실어증(자기 입 속에 자기 손으로 총을 한 방 쏘았다고 힘겹게
내게 고백한다)에 운동실조증까지 있다. 내게 부탄가스 등잔을
켜라면서 꿍쳐둔 심지 두 개를 느릿느릿 꺼내주더니 갑자기
맑고 힘차고 또랑또랑한 목소리를 되찾아 자기 개한테 소리
지른다(그 개는 거기 있을 뿐, 아무 짓도 안 했는데). 두 번씩이나.
"개새끼야!"

*모로코가 프랑스의 보호령이었던 시기를 말한다.

드리스 A.는 정액이 정액이라 불린다는 것을 모른다.
그는 그걸 '똥'이라 부른다.
"조심해, 똥이 나오려고 하니까."
이 이상 상처를 주는 표현은 없다.
또 슬라위*라는 녀석(체조하는 모하메드)은
건조하고 정확하게 말한다. '사정한다'라고.
"조심해, 나 사정할 거야."

*이름이 모하메드, 성이 슬라위

계단을 내려가면서 나는 무스타파라는 남자(매력적이고, 인물이 훤하고, 열정적이고, 정직한 사람)에게 내 열쇠를 건네받는 동시에 내가 신을 샌들을 건넨다("이것 좀 들고 있어봐"). 그러고 나서 그가 그 신발을 아주 가져버렸다는 걸 알게 된다(빌려준다는 건 아예 없다).

은행. 앞 못 보는 걸인이 비틀거리며 들어오더니, 지팡이로 더듬더듬 이 문 저 문, 계산대, 창구를 걸터듬으며 벽처럼 쌓인 돈을 손으로 만진다. 한 고객이 그에게 동전 한 푼을 준다. 창구 직원이 하는 말 "그러지 마십시오. 버릇되면 안 됩니다." (일정 시간이 지나고 나야 비로소 성가시게 느껴지는 파리 같다.)

'낮과 밤' 카페에 있는 어느 구두닦이. 눈길과 미소, 열심.
그는 '드리위슈'(작은 이슬람 성직자)라 불린다. 자기 자리를 떠나,
벌써 저만치 멀리 가서는 내게 친한 척 손짓을 한다.

라우신이 집에 있다. 그는 내 맞은편에 앉아 있다. 오전 내내 하는 일 없이, 태평하고 무기력하게. 사람 손이 저 정도로 오직 쉬기만 하는 꼴라서니는 이제껏 본 적이 없다. 저런 휴식이란 화가나 되어야만 포착할 수 있을 듯. 그런 꼴을 바로 앞에 두고, 나는 지나치게 움직인다. 즉 계속 무슨 일이든 하긴 하는데, 그 '무슨 일'이 끊임없이 바뀌는 거다. 글 쓰고, 종이 한 장 집어 들고, 읽고, 칼로 연필심을 뾰족하게 갈고, 음반을 바꿔 틀고, 등등.

아파트 관리인 물레가 도저히 마다할 수 없게 손짓을 해가며 내가 알아듣도록 누누이 하는 얘기는 이것이다. 내가 여행 떠난 사이에 그의 젊은 아내 아이샤가 내 아파트에 '도둑들'이 얼씬하지 못하도록 집 현관 바닥에, 소파 곁에 있는 깔개 위에 누워 자겠다는 거다(그것도 침대가 타일 바닥과 닿는 부분에 손바닥만한 깔개를 깔고).

젊은 피에 누아르*, 몰락했다가 원상복구한 프티 부르주아인 그는 스웨터를 어깨 뒤로 둘러쓰고 양쪽 소매를 앞가슴에 묶어 내려뜨렸다. 그는 '낮과 밤' 카페의 탁자에 자동차 열쇠를 놓는다. 그의 말씨는 한마디로 단호하다. 마치 급격히 비틀려 꼬여 위로 휙 치켜 올라간 듯한 말씨.

* '검은 발'이라는 뜻으로, 한때 프랑스 식민지였던 북아프리카의 알제리, 모로코 등지에 이주해 살았던 프랑스 인을 일컫는 속칭

법대생 둘.

한 명은 압델라티프(프랑스법 전공자). 서구화된 아이. 스위스에서 2년 (살았던 것 같고). 멋쟁이인데다 (하늘색 스웨터, 세련된 베이지색 벨벳 양복상의를 입었다) 말씨도 품위 있다. 뻥이 센(자기가 2학년이라고 말하는데, 거짓말이라는 걸 난 안다) 그가 '권태'에 대해 이 소리 저 소리 늘어놓더니(이 나라를 떠나야겠다는 둥), 내게 묻는다. "퐁피두를 어떻게 생각하시나요?"

또 한 명은 나지브. 바로 다음날 똑같은 장소에서 만났다. 압델라티프를 대신하게 된 그는 아랍법을 전공한다. 꾸미지 않아도 자연스레 멋이 나는 편이지만 옷차림은 초라하고(조금 작은 흰색 점퍼, 올이 굵은 석류 빛 벨벳 바지, 고리 달린 낡아빠진 구두), 눈매는 온순하고, 손은 섬세하면서 차갑다. 권태를 극적으로 과장해 표현하지 않으며 자기의 장래 소명은 장관이 되는 것이라고 말한다. 그는 그 말을 마치 사람들이 "의사 될래요, 변호사 될래요" 하듯이 쉽게 내뱉는다. 장관들이 이런저런 정부 부처로 자리를 옮기는데 그들에게 각 분야의 전문 지식이 있는 건지, 그럴 정도의 능력이 있는 건지 설명해달라고 내게 부탁한다(비판할 의도는 전혀 없다고 하며).

프랑스식으로 지었고 성채 같이 생긴 모로코 재무부 주변은 쉴 새 없이 한 무리의 장애인들이 건물을 빙 둘러싸고서, 마치 똥 있는 데 몰려든 참새들처럼 움직인다. 자전거 지키는(겉으로는 지키는 것 같아 보이는) 앉은뱅이가 운 나쁜 손님 한 사람에게 맹렬히 돌진한다.

고교생들이 무리 지어 엉큼하게 히히덕거리며 한창 장난을 치다가, 그중 하나가 최근 나온 작문 주제를 이야기한다. "라블레의 교육법과 몽테뉴의 교육법을 비교하라."

H의 동료들은 H가 '매우 관능적'이라고 한다(피에 누아르 특유의 건조한 말투 때문에 이 말이 한층 더 자극적으로 들린다). H는 내게 '대단히 관능적인 사람'이 된다. 그렇지만 이런 호칭의 의미는 나중에 가히 짐작이 된다. H가 성관계에서 수동적 역할을 한다는 뜻이다.

"나 당신 사랑하게 될 것 같은 느낌이야.
 그거 성가신 일인데. 어떻게 하지?"
"당신 주소 줘."

작은 모하메드가 방금 지은 시(그 시가 시인 쉴리 프뤼돔의 작품이 아니라면 그가 지은 게 맞을 게다) 구절을 내게 읊어주는 동안, 나는 속으로 저 친구를 만나서 얼마나 다행인가 생각한다. 왜냐하면 근처 식품점에 가서 토마토 반 킬로그램만 사다 달라고 그에게 부탁할 참이니까.

아말은 자기 이름이 너무 좋은 모양이다. 만나자마자 내게
그렇게 얘기했고, 친절하게도 제 이름을 번역해서 뜻까지
알려주었다("내 이름은 '에스푸아르(희망)'라는 뜻이에요").
그 단어가 노래 가사에 등장할 때면 번번이,
내 이름 나온다고 흐뭇해한다.

모하메드(분명 모하메드). 경찰서장 아들인 그 애는
나중에(고등학교를 졸업하면) 형사가 되고 싶단다. 그게
자기 천직이라고. 게다가(그가 말하길) 축구하기(센터포워드),
핀볼 게임, 여자들을 좋아한단다.

상점 진열장에는 다양한 오디오 기재들이 꽉꽉 들어차
있다. 기술적으로 최첨단 상품들이다. 판매원 두 사람에게
카세트테이프를 재생할 수 있는 기계가 있느냐고 물었건만,
그들은 그걸 내게 팔 능력이 없다. 둘 중 나이가 적은 판매원은
내게 제품을 보여주면서도 그 작동법조차 모른다. 이 버튼
저 버튼 누르며 한바탕 야단법석을 떨어도 예상 밖의 결과만
발생한다. 뚜껑이 벌컥 열리고, 참기 힘든 소음이 나고, 건전지를
교체해도 음악은 전혀, 나올 생각도 없다. 또 한 사람은 가게
주인인데, 뭐하는 건지 다른 일에 열중해서 뚱한 모습으로
이 일에 관심도 두지 않으면서 배달시 뭐가 잘못되어
그런 거라고 대뜸 결론지어 버린다. 이런데도 8만 프랑짜리
카세트 재생기 하나 사고 싶다는 생각을 해야 하다니.

어느 날 아침 열 시쯤 우연히 만난 모하메드 L은
부드럽고 졸음기 가득한 채로 아주 말쑥하다. 자기 말로는
방금 일어났다는데, 어젯밤 늦게까지 지금 쓰는 극본에
집어넣을 시 구절을 짓느라 그랬단다. "등장인물도, 줄거리도,
그 밖에 아무것도 없는" 극본이란다. 또 한 사람, 작은
모하메드는 그 전에 내게 "심심해지지 않으려면" 시를
지으라는 말을 했었다. 이곳에서는 시라는 게 '아주
늦게 취침하는' 걸 허용하는 것이다.

고교 2학년생 아미두. 장래 희망이 체육 교사인 그와 어느 일요일 아침 벼룩시장의 진창 속에서 마주쳤다. 초라하고 얌전한 외모에, 깡뚱한 우비 차림에 탈색되고 닳아빠진 커다란 단화를 신은 그는 모로코 인 특유의 아름다운 눈, 곱슬곱슬한 머리칼을 지녔는데, 내일 발표할 과제인 '몰리에르의 희극'에 대해 '깊이 생각'해야 한단다. 아미두Amidou. 나는 이렇게 그의 이름에서 H 자를 빼고 쓰는 게 더 좋다. 아미두Amidou라 쓰면 녹말(아미동amidon)처럼 부드럽고, 부싯돌(아마두amadou)처럼 불이 확 당길 듯하니까.

나는 아미두가 쓰는 어휘가 좋다. '발기하다bander'와
'쾌락을 느끼다jouir' 대신 그 애는 '꿈꾸다rêver'와
'터지다éclater'라는 단어를 쓴다. '터지다'라는 말은 식물적이고
팍 튀고 흩어지고 퍼지는 느낌이다. '쾌락을 느끼다'라는 말은
정신적이고 자기도취적이며 포동포동하고 닫힌 느낌이다.

라마단 : 머지않아 달이 모습을 드러낼 것이다.
아직도 반 시간이나 기다려야 사랑을 나눌 수 있다.
"나는 꿈꾸기 시작해."
"그게 허락되나?"
"나도 몰라."

A는 지난번 어느 날인가 '꿈꾸'고 난 뒤 외출을 하다가 길거리에서 그만 팬티가 푹 젖어버렸다. 하지만 그는 종교가 명한 바대로 하면 씻을 수가 없었다. 왜냐하면 그의 기숙사에는 일주일에 한 번씩만 샤워를 할 수 있다는 등의 규칙이 있기 때문이다(원망은 국가에게 돌아간다).

발코니에 앉아, 그들은 이슬람 성원聖院 첨탑 꼭대기에 단식 기간이 끝났음을 표시하는 작은 빨간 등불이 켜지기를 기다린다.

라마단 기간, 매일 저녁 다섯 시경(지금은 11월),
이슬람교도 거주지에 있는 리베라시옹 식당은 길 쪽에서 보자면
긴 식탁들이 줄 맞춰 놓여 있고 그 둘레에 사람들이 빽빽이
앉아 수프를 먹는 무료급식소로 탈바꿈한다. 늘 여기 있는,
하나뿐인 종업원 소년은 마치 수도원의 허드렛일 하는 보조
수사修士처럼 바삐 움직인다.

나시리는 프랑스 말을 잘한다. 그 증거는, 그가 프랑스 어 아닌 외국어의 구句들을 대담하게 쓴다는 것.
"오늘 저녁 그들은 외출했을 거예요.
비코즈 라마단because Ramadan." 이런 식으로.

'경리 책임자'(얼굴이 곱상하게 생긴 십 대 소년)가 심각하게 말한다. 사람이 자신의 권리를 인식할 때, 또 자신의 의무를 의식할 때 그것이 바로 문명이라고. 그는 그런 말을 하고 나서 우리 뒤를 따라오며 깔깔 웃어댄다.

지난 금요일, 라마단이 끝나는 저녁 시간인데도 여전히 금연해야 했다. 길거리에서 유대인 집으로 들어가 보니 이번엔 또 유대교의 안식일이 시작되었기 때문.

프랑스 교수들. 그들은 박사 학위 계획을 놓고 토론 중이다. 어떤 교육학적인 시험을 치르게 할 것인지? 난감함. 혼란스러움. 갑자기 그중 한 사람이 "수업 내용!"(대학교수 자격시험에 관한)이라고 외치니 다들 크게 안도한다.

머리카락 페스티벌. 구부정히 앉아 내 구두를 닦는 청년의 머리통에 넓은 탈모 자국이 보인다. 한편 보도에서는 누더기를 걸친 아이가 집요한 몸짓으로 장난감 빗을 갖고 짧게 깎은 잿빛 머리를 득득 긁고 있다.

아주 섬세하고 잘 다듬어지고 깨끗한 그의 두 손
(그는 방금 손을 씻었다)과, 그가 그 손을 남에게 보여주고
손으로 장난치고, 얘기하면서 피에 누아르 특유의 몸짓을
조금씩 해가며 그 동작과 양손을 조화시키는 방식, 이 둘 사이의
관계. 최고급으로 보이는 그의 검은 양말의 지극한 섬세함과
그가 한 다리를 쭉 뻗는 방식, 그 둘 사이의 관계.

조금 정신 나간 듯하고 팔다리 놀림이 꼭두각시 인형처럼
딱딱한 구두닦이 청년. 언제나 내 쪽으로 재빨리 달려와,
코밑에 얼굴을 들이대며 구두 닦으라고 엔간히도 보챈다.
"나, 구두 닦기, 중국사람 같아요."(이는 완벽하다는 의미의 표현)

같은 날.

한편엔 프티 부르주아 청년. 대학생인 그는 어리숙하게도 남들 앞에서 "교수님을 꼼짝 못하게" 만든답시고 마치 연극하듯이 내게 참으로 바보 같고 형편없는 반박을 해대는데, 그의 말 속에서 남는 것은 오직 악의惡意의 메시지밖에 없다. 다른 한편엔 서민. '무스타'라 불리는 무스타파. 머리는 거의 빡빡 밀었고, 옆으로 길게 찢어진 멋진 눈, 부드러운 면만 뺀다면 거의 로마인 같은 얼굴. 열여덟 살이다. 페즈 출신의 그는 가난 때문에 공부를 계속할 수 없었다. 일자리를 찾으러 라바트에 와서, 아카리에서 목수로 자리 잡았다. 일주일에 3,500프랑을 번다. 그의 아버지는 아무 일도 안 하고, 어머니는 털실 잣는 일을 한다. 누이 집에서 살고 있다. 적의라고는 전혀 없는 친구다.

마음 단단히 먹은 프랑스 아가씨. 왜소한 남친은 엄청나게 큰 여행 가방을 들고 있는데, 입구에서 검표하는 역무원이 "짐이 많군요." 하자 그녀가 대답한다. "짐꾼들은 정말 도둑 심보죠. 하지만 우리한테는 어림없어요." 역무원은 사람 좋은 웃음을 짓지만, 얼결에 짐꾼 수준으로 따돌림 당한 셈이다.

나와 같은 나라 청년들―함께 있는 아가씨들 앞에서 허세를 부리며, 짐짓 과장된 프랑스 발음으로 영어를 한답시고 티내고 있다(결코 제대로 된 영어 발음으로 말할 수 없다는 걸 숨기면서도 체면을 잃지 않으려는 수작).

메디나. 저녁 여섯 시, 물건 파는 어린애들이 드문드문 서 있는 거리에서, 서글퍼 보이는 한 남자가 길가에서 딱 한 자루 남은 식칼을 사라고 권한다.

비행기에서, 내 뒷자리에 프랑스 할머니가 옆자리 여자와 이야기를 하면서 손으로는 벽걸이 장식 융단(태피스트리)에 실로 무늬 짜 넣는 작업을 하고 있다. 바탕천은 흐릿한 회색인데 오래된 꽃다발이 그려져 있다. 기착지에서 비행기가 착륙해 멈춰 있는 동안에도 할머니는 내리지 않고 계속 그 일을 하는데 비행기의 이런저런 움직임 속에서 정말 까딱도 하지 않는다. '차분한' 인물.

할 일 없어 보이는 열차 검표원 두 사람이 이리저리 돌아다니다가 식당 칸의 바에 가서 앉는다. 둘 중 젊은 쪽이 싱긋 웃으며 나이 든 쪽에게 커피 한 잔을 갖다 주니, 나이 든 사람은 미소 지으며 됐다고 한다. 나중에 알고 보니, 나이 든 쪽은 보조 검표원에 지나지 않아 모자에 별이 하나뿐이고, 젊은 쪽은 별이 세 개다.

기차 안, 내 주변에는 1) 튜튼 족의 억양을 지닌, 혼자
여행하는 여자(알자스 사람? 스위스 사람?). 뒤꼭지에
틀어올린 머리를 다시 머플러로 묶은 그녀는 나와 어떻게
이야기 좀 해보려고 애를 쓰고, 내가 식사 때 먹을 음식을
쟁반에 담으면 그대로 따라하고, 음료는 아무것도 안 마시는
것도, 그다음엔 탄산수, 얼음, 기타 등등을 달라고 하는 것도
그대로 따라한다. 《리프, 전설의 땅》이라는 책을 읽고 있다.
2) 피부가 까맣고 여드름이 잔뜩 난 모로코 여인. 그녀는
모피를 안에 댄 와인색 외투를 입었고, 발등에 끈 달린 단화를
신었다. 곱슬머리 남자아이를 품에 안고 있다. 3) 꽤나 복잡한
수준의 코바늘뜨기를 하고 있는, 알제리 출신의 얌전한
프랑스 여인. 4) 카드놀이를 하고 있는 레즈비언 두 사람.
5) 맨발의 모로코 청년.

합승 택시. 비 오는 야밤. 테투안의 어느 '국회의원'(건축가. 마드리드의 어느 도로를 건설했고, 그 사업으로 백만장자가 되어 돌아온 사람)이 아무것도 안 보고 운전하는 것 같은 우리 택시의 늙은 기사(회색 상의에 노란 운전모를 쓴)에게 우악스럽고 쇳소리 나는 감탄사를 마구 내뱉어가며 갈 길을 제시한다. 마치 완벽히 길들여진, 마차 끄는 늙은 말을 이리저리 몰고 가듯이.

아즈루의 수공업 협동조합. 수직으로 걸린 대형 벽걸이 융단들을 따라, 촘촘히 붙어 앉은 새들처럼 죽 늘어 앉아 재잘대는 어린 소녀들 한 무리. 새장과 소규모 교실을 섞어 놓은 것 같은 정경. 여기서 사드풍 후궁後宮이 떠오름.

이토에서, 매우 광활하고도 고상한 경치가 눈앞에 펼쳐지는데, 우리 일행 중 한 사람이 장난으로 (장난이라는 것을 어찌나 강조하는지) 여자 나체 사진 한 장(《플레이보이》인지 뭐 그런 잡지에 실린)을 귀한 돌을 팔고 있는 젊은이 모하에게 건넨다. 그 청년은 미소, 다소곳한 태도, 진지한 모습, 그리고 거리 두기. 처음엔 그를 놀려먹으려고 꾸민 일이건만 도리어 그가 이 장면을 쥐락펴락하고 있다. '보기 좋게 한 방 먹은' 상대방 남자의 히스테리만 그대로 남음.

한 사내아이(이름은 압델카데르)가 미소 짓는데,
두 눈이 반짝반짝 빛나고, 당당하고, 더없는 다정함을 타고난
그 늠름한 모습이 문화라는 것을 아예 넘어선 자애의
정수精髓를 보여준다. 다른 말로는 표현을 못하겠다.
(티네르히르*)

*모로코 남동부 지역의 도시 팅기르의 다른 발음

히치하이킹을 하는 히피 두 사람.

이념 : 그중 하나는 내게 '의식의 흐름'에 대해 이야기한다.

경제 : 그들은 마라케시에서 인도산 셔츠들을 산 다음 네덜란드에서 아주 비싼 값에 팔 예정이다.

의례儀禮 : 차에 타자마자 좌석 깊숙이 몸을 파묻고는 담배 한 가치 돌돌 말더니, 마음만 먹으면 기계적으로 그렇게 된다는 듯이 부재不在의 경지에 빠져든다.

(커피 한 잔 주니 바로 깨어난다.)

하지만 또 세타트에서도, 나는 히치하이킹하는 열두 살짜리 소년을 태워주었다. 그는 오렌지, 귤이 가득 들어 있는 커다란 비닐봉지와, 식품점의 허접한 포장지로 둘둘 싼 꾸러미 하나를 들고 있다. 얌전하고 진지하고 조심스러운 그 아이는 손에 든 것들을 하나도 내려놓지 않고 무릎 위, 젤라바 자락이 양다리 사이로 우묵하게 들어간 곳에 놓고는 꽉 잡고 있다. 소년의 이름은 압델라티프. 마을이라고는 하나도 눈에 띄지 않는 깡촌에서 차를 세워달라며 내게 벌판을 가리킨다. 그리로 간다는 것이다. 소년은 내 손에 입을 맞추고는 동전 두 개를 건넨다. (아마 버스 요금에 해당하는 그 돈을 미리 준비해서 손에 꼭 쥐고 있었나보다.)

마라케시에서 살아가는 처세술 : 마차에서 자전거로 허공을 날듯 오가는 대화. 담배 한 개비 건네주고 만날 약속을 잡더니, 자전거는 옆으로 빙글 돌며 경쾌하게 멀어져간다….

사마린 거리에서, 나는 밀려오는 인파를 거슬러
마주보며 걸었다. 그 사람들이 모두 고추를 달고 있다는
느낌이 들었다(야할 것은 전혀 없는 느낌). 그리고 그 모든
고추들이 공장의 틀에서 일정한 박자에 맞춰 찍혀 나오는
제품처럼 내가 걷는 리듬에 따라 주르르 연달아 나타나고
있다는 느낌. 이런 물결 속에서, 이따금씩 똑같은 거친 천에
똑같은 몇 가지 색깔의 똑같은 누더기를 걸친, 고추 없는 이들.

마라케시의 시장. 첩첩이 쌓인 박하 풀 더미 속에 보이는 시골 장미 꽃송이들.

마라케시의 키 작은 남자 초등 교사. "당신이 원하는 건 뭐든지 다 할 거예요"라고 그가 흉금을 터놓고, 두 눈엔 선의와 암묵적 동조의 뜻을 가득 담고서 말한다. 그 말은 "나 당신과 잘래요"라는 뜻, 오로지 그 뜻뿐이다.

하얀 젤라바를 전신에 둘러 쓴 흑인이 그 옷 때문에 어찌나 까맣게 보이던지 나는 그의 얼굴이 웬 여자가 뒤집어쓴 까만 베일인 줄만 알았다.

마라케시에서 베니-멜랄 가는 도로 위. 프랑스 말을 못하는 가난한 십 대 소년 압델카임이 투박한 둥근 바구니를 들고 서 있다. 나는 차를 세우고 그를 몇 백 미터쯤 태워준다. 차에 타자마자 그는 바구니에서 찻주전자를 꺼내더니 내게 뜨거운 차 한 잔을 내민다. (뜨겁다. 어떻게 뜨거울 수가 있지?) 그러더니 차에서 내려, 길가 한편으로 사라진다.

이 도시 저 도시 떠돌며 일자리를 찾는 무척이나 추레한 히치하이커(눈은 아주 착하다)가 내게 소형 택시에서 일어난 암울한 이야기를 들려준다. (우리는 어정쩡한 숲 같은 곳을 지나고 있다.) 그 택시 기사가 여자로 변장한 손님 네 사람의 손에 살해되었다고 한다.
"하지만 소형 택시라 돈도 얼마 없었을 텐데요."
"그게 무슨 상관이래요. 도둑은 도둑인 거죠."

"선생님, 꼭 알아두세요. 낯선 모로코 남자가 차 태워 달란다고 태워주면 절대 안 돼요." 모르는 사람인데도 길에서 태워주었더니 그 모로코 남자가 한다는 소리.

한 소녀가 내게 구걸을 한다. "우리 아버지는 돌아가셨고요. 공책 한 권 하고, 뭐뭐 사야 해서 이러는 거예요." (구걸의 꼴사나운 측면, 그건 틀에 박힌 말들이 끈끈하게 온통 들러붙는다는 것.)

아가디르와 탐리 사이, 도로상에 정체 모를 제복을 입은 한 사람이 서 있다. 민간인인데 구저분하고 늙수그레하지만 공무원 모자를 쓰고 권총집을 차고 있다. 산림감시원이다. 그는 추리소설을 좋아한다. 왜냐하면 "저 자신도, 어찌 보면 일종의 경찰 같은 일(숲의 도벌盜伐 감시 활동)을 하고 있으니까 말이죠. 추리소설에 나오는 것과 비슷한 문제들에 봉착하게 될 수도 있고, 어쩌고저쩌고."

모로코의 대학생. 이빨이 크고 잇몸에서 이 뿌리가 조금 드러나 보이고 염소 같은 턱수염을 길렀다. 아틀라스 산맥 중에서도 가장 고산 지대에 있는 그의 고향 마을에 있었던 백인 신부神父 덕분에 릴*의 카톨릭 대학교 장학생이 되었다. 그는 《악의 꽃》을 읽고 있다(어쩌면 안 읽고 있는지도).

*프랑스 북부의 도시

양쪽 앞다리가 접힌 채 묶여서 무릎을 꿇을 수밖에 없는
형국의(마치 모욕 주려고 일부러 무릎 꿇게 만든 것 같은)
낙타 한 마리가 일어서려고 끔찍할 만큼 안간힘을 쓰고 있다.
또 한 마리는 땅에 웅크리고 앉아 몸과 입에서 피를 흘리며,
죄인을 묶어놓고 구경시키는 기둥 같은 곳에 꽉 묶인 채
만인의 시선에 노출돼 있다. 그 낙타를 빙 둘러싸고 모여든
사람들(그중에는 관광객들도 있는데, 어느 배불뚝이 남자는
불콰한 얼굴에 몸에 딱 달라붙는 짧은 바지 차림으로, 카메라를
멜빵처럼 메고 있다). 그 낙타는 처참하게 울부짖으며 존재의
심층에서부터 반항하고 있다. 낙타 주인은 작달막하고 얼굴이
까만 남자인데, 낙타를 때리고 모래흙을 한 줌 집어서 낙타의
두 눈에다 휙 뿌린다.

프랑스 남자와 원주민 여자 사이에 태어난 제라르는
내게 가젤도르* 길을 가르쳐주고 싶어 한다. 그는 내 차에
올라타 몸을 쭉 펴고 드러눕는데, 자신의 미끼를 지레 짐작하게
만들겠다는 속셈이다. 그러더니 무슨 진귀한 간식거리라도
자랑하듯, 저항할 길 없는 마지막 설득을 한다.
"봐요, 내 거시기는 안 잘리고 멀쩡하다니까!"

* 황금 산양山羊이라는 뜻

젊은 독일 놈 셋이 절벽 위에서, 프랑스어 수업을 해달라고 한다. "뭐뭐는 프랑스 말로 뭐라고 하죠?" 이런 식으로 묻는 그들에게 대답하다 보니, 성기를 지칭하는 프랑스어는 폐쇄음 계열이라는 걸 알았다. 퀴(항문)/ 콩(여자의 성기)/ 쾨(남자의 성기). 느닷없이 언어학자가 된 그들 자신도 이 사실에 놀란다.

한 아이가 도로를 쳐다보지도 않으면서 길가의 야트막한 벽에 앉아 있다—영원히 그렇게 앉아 있을 것만 같다. 주저 없이. 그저 앉아 있기 위해 앉아 있는 것처럼.

"아무것도 안 하고 가만히 앉아 있으면
봄은 오고 풀은 저절로 자란다네."

'장'이라는 젊은 선생—무슨 과목 가르치는 사람인지?—이 구부정히 내 책을 넘겨다본다. "저는 도저히 머릿속에 이걸(프루스트) 채워 넣을 수가 없더군요. 하지만 이젠 좀 알 것도 같아요." 그의 친구 피에르는 뭐가 뭔지도 모르면서, 건방지고 까칠한 말투로 (대답에 관심도 없이) 묻는다. "주석을 다시나요?"

아제무르. 양은으로 만든 수프 그릇 하나를 샀는데, 내게 그걸 판매한 이 빠진 청년이 "자기가 사는 독신자 숙소에서" 만나자는 제안을 한다.

아주 초라한 약국, 주인 쥘리앵 씨는 젤라바 입은
시골사람들이 죽 늘어선 줄, 줄어들 줄 모르고 모양도
일정치 않은 그 줄, 그리고 몇 리터인지 모를 만큼 많은
헤고르* 때문에 정신이 쏙 빠져 있다.

*프랑스제 샴푸

메히울라에서의 행복. 한밤중, 널따란 부엌, 밖에는 폭풍우, 팔팔 끓는 하리라 수프*, 커다란 등잔불, 부탄가스, 소소하게 찾아오는 사람들의 들락날락하는 움직임, 따스함, 젤라바, 그리고 라캉 읽기! (이런 평범한 안락함 덕분에 손에 잡은 라캉.)

*토마토, 병아리콩, 렌즈콩으로 만든 모로코 전통 음식

이슬람교 성원聖院을 지키는 이 빠진 늙은 여인. 일인당 50프랑을 받고 마을 소년들에게 첫 경험을 전수한다.

(무덤은 61호라고 표시된, 지푸라기 들어간 벽토로 만든 정육면체형 방 옆에 있는데, 그 방에서 사람들은 시신들을 씻긴다. 묘석은 열려 있다. 바닥엔 거적 몇 장, 녹색 칠한 나무 관에 헝겊들이 매달려 늘어져 있고, 그 관 위엔 옛 술탄의 빛바랜 사진 한 장, 거적때기 위엔 샌들 한 켤레가 아무렇게나 나뒹굴고 있다.)

병든 M, 한쪽 구석의 거적 위에 쪼그려 앉아,
열이 펄펄 나는 맨발을 갈색 젤라바 밑에 감추고 있다.

이 빠진 키 큰 남자(상대방을 막 몰아붙이는 집요한 사람)가 확신과 열정에 가득 찬 어조로 나지막하게 담배 중에서도 가장 평범한 제품에 대해 말한다. "마르키즈, 그건 내게 마약 같다니까!"

어린 I가 내게 꽃을 갖다 준다. 들판에서 따온 진짜 꽃다발이다. 제라늄 몇 송이, 빨간 찔레꽃 가지 하나, 장미 두 송이, 자스민 네 줄기. 그의 이런 행동은 내가 그를 아주 기쁘게 해준 데 대한 답례다. 난 그의 이름을 갖가지 방법으로 종이 한 장에 타이핑해 건네주었던 것이다(글자 써준 것에 대한 보답의 꽃). 한 사람에게 아스피린 한 알을 주었더니 이젠 너도 나도 머리 아프다고 달려드는 바람에, 병원에서 약 나눠주는 격이 되어버렸다.

한 무리의 십 대 소년들이 매춘부 살 돈을 모았다. 그중 한 명이 자전거를 타고 A까지 30킬로미터를 가서 몸 파는 여자를 데려오고 마실 것도 사왔다. 그러고는 차례차례 여자의 몸에 올라탔다.

이 나라. 보이스카우트가 껄렁할 수 있는 나라. 나는
그 보이스카우트 아이 셋을 도시로 데려간다. 누더기 같은
옷차림에 빗지 않아 엉망인 긴 머리, 아무렇게나 눌러 쓴
엉뚱한 모자, 또는 날라리 같은 모자. 그러면서도 보이스카우트
깃발에다 보이스카우트 배지, 보이스카우트 경례, 말뿐인
구호("스카우트는 전 세계인의 형제다"라고). '책임자'라는
녀석은 다른 아이들이 슬픈 스카우트 노래(어느 고아 소년에
대한 이야기)를 부르는 동안, 허벅지를 훤히 드러내고
발기한 상태로 서 있다.

문 위, 시멘트에다 목수 아흐메드 미다스는 커다랗고 서툰 글씨로 이 말을 새겨 놓았다. "억지 부엌." 아버지는 이렇게 본채에 덧대어 낸 부엌을 원치 않았다. 어머니가 원한 것이다.

벌거벗은 십 대 소년 둘이서 옷은 보따리처럼 머리에 이고, 천천히 강을 건너간다.

당나귀에 올라 탄, 젤라바 입은(이쪽으로 등을 보이고 있는) 한 사람의 평화, 이따금씩 시골에서 되풀이되는 기호.

1969년

팔라스 클럽에서,
오늘 저녁…

고백하건대, 나는 어떤 장소에 사람이 들어가 있지 않으면 그 아름다움에 관심을 가질 수가 없다(나는 텅 빈 미술관을 좋아하지 않는다). 또 역으로, 내가 어떤 얼굴이나 윤곽, 의상에서 흥미로운 점을 찾아내고 그것과의 만남을 제대로 음미하려면 그걸 발견한 장소에도 나름대로 재미와 맛이 있어야 한다. 팔라스 클럽*이 내 마음을 끄는 이유도 그래서일 것이다. 거기에 있으면 기분이 좋다. 그곳은 현대적이다. 매우 현대적이랄까? 그런데도 나는 그곳에서 진정한 건축의 오래된 힘―걸어 다니고 춤추는 몸들을 아름답게 만드는 힘, 아울러 공간과 건물에 활기를 주는 힘―을 재발견하게 된다.

요즘은 극장들이 쉽사리 사라진다. 내가 처음으로 베케트 연극을 관람했던 극장은 이제 차고가 되어버렸다. 또 다른 극장들은 영화관이 되거나 아파트 건물에 자리를 내주고 말았다. 팔라스 클럽은 그중에 없어지지 않고 살아 있는 극장이다. 살아 있다고 하는 이유는 그곳이 공연장이라는 점 때문이다. 그다음으로는 (여러 차례 개수되기는 했지만) 원래 극장이었던 그곳의 모든 것이 그대로 보존되어 있기 때문이다. 무대와 막, 발코니, 이제

*1978년 3월 파리에 개장한 나이트클럽

는 멋진 바닥으로 바뀌었지만 그 바닥에 선 채로 또는 쿠션에 앉아서 공연을 볼 수 있는 객석, 그리고 붉은 벨벳 융단이 깔린 널따란 입구까지. 예나 지금이나 변함없는 설렘. 계단을 걸어올라 빛과 그림자가 관통하는 널따란 장소에 이르는 것, 초심자처럼 공연이라는 성스러운 의식 속에 불쑥 들어가는 것(하물며, 그리고 특히나 이곳처럼 볼거리가 홀 전체에 가득할 때에랴). 극장(테아트르théâtre). 그리스어에서 온 '테아트르'라는 말은 '보다'라는 의미의 동사가 그 어원이다. 팔라스 클럽은 시각 위주의 장소다. 사람들은 이 홀을 바라보며 시간을 보낸다. 그리고 한바탕 춤을 추고 제자리로 돌아와, 다시 홀을 바라본다.

팔라스 클럽은 매우 균형 잡힌 곳이다. 이는 그곳에선 두려워할 게 없다는 뜻이다(설령 거기서 잠을 자라 해도 기꺼이 잘 수 있을 정도다). 극장이 너무 작으면 숨이 막히고, 너무 크면 관객이 얼어버린다. 팔라스에서는 위아래로 마음대로 돌아다닐 수 있고, 기분 내키는 대로 장소를 바꿀 수 있다―다른 극장들의 경우 이런 자유를 누릴 수가 없는데, 각자 배정받은 좌석 한 곳에서만 눌러 앉아 있어야 하기 때문이다. 그러나 자유만 있다고 해서 꼭 좋은 공간이 되는 것은 아니다. 흰 생쥐를 아무런 지표 없는 텅 빈 원형 공간에 넣어두면 지극히 불안한 모습을 보인다는 실험 결과도 있다. 내가 어떤 공간에 있으면서 편안함을 느끼려면, 실제로 이 지표에서 저 지표로 옮겨갈 수 있어야 하고, 중심 무대뿐 아니라 어느 한 구석에 있는 것도 가능해야 하며, 무인도에서도 행복한 로빈슨 크루소처럼 이 집 저 집 편안하게 오갈 수 있어야 한다. 팔라스 클럽에는 친근한 장소들이 많다. 담소를 나눌 수 있는 살롱, 사람들을 만나고 춤추다가 짬짬이 휴식을 취할 수 있는 바bar, 현란한 조명과 몸들이 춤을 추는 엄청난 구경거리를 일정 간격으로 늘어선 발코니 너머로 내려다볼 수 있는 전망대. 팔라스 클럽 안에서는 어디에 앉아 있든, 마치 칸막이까지 갖춘 최상의 귀빈석에 앉아 눈앞에 펼쳐지는 게임을 주도하는 듯 쾌적한 느낌이 든다.

오늘날 현대 예술, 일상의 예술에서 중요한 재료는 조명이 아니겠는가? 일반적인 극장들에서는 조명이 멀찌감치, 무대 위쪽에 납작하게 붙은 것처럼 비추어진다. 그런데 팔라스 클럽은 극장 전체가 무대다. 이곳에서 조명은 깊디깊은 공간을 온통 차지하고, 그 공간 속에서 활기를 띠며 마치 배우처럼 연기를 한다. 복잡하고 세련된 지능을 발휘하는 영리한 레이저 광선은 마치 추상적인 작은 형상들을 보여주는 사람처럼 수수께끼 같은 자취들을 만들어내고, 그 자취들은 느닷없이 이렇게 저렇게, 원형, 직사각형, 타원형, 레일형, 밧줄형, 은하수형, 꽈배기형 등으로 바뀐다. 여기서 주목해야 할 것은 기술적 쾌거가 아니라(파리에서는 아직 이런 고도의 조명 기술을 볼 기회가 흔치 않긴 하지만), 재료와 실행 면에서 획기적인 예술이 나타났다는 사실이다. 왜냐하면 지금 이야기되는 것은 대중 예술인데, 대중 '앞'이 아니라 대중 '틈'에서 이뤄진다는 점에서 대중 예술이며, 이는 조명의 반짝임, 음악들, 욕망들이 어우러지는 종합 예술—그리스인들과 바그너의 오랜 꿈—이기 때문이다. 이 말은 이 새로운 '예술'이 과거의 문화와 단절되지 않고(레이저 광선을 써서 공간을 조각하는 행위를 보고 현대의 조형적 시도들을 쉽게 떠올릴 수 있다), 문화적 조련의 제약을 벗어나 뻗어나간다는 의미이다. 이는 새로운 소비 양식이 엄숙히 최종 확인까지 마친, 그런 해방이다. 사람들은 조명, 그림자, 무대장치를 바라보지만 그러면서 다른 일도 한다(춤추고, 이야기하고, 서로 쳐다본다). 이것은 고대 극장에서 익히 행해지던 일들이다.

    팔라스 클럽에서는 꼭 춤을 춰야만 이 장소와 생생한 관계를 맺는 것은 아니다. 혼자서 아니면 적어도 남들과 조금 떨어져서, '꿈꿀' 수 있다. 인간적 공간이 되어버린 이곳에서, 한 순간 이렇게 소리칠 수 있다. "이 모든 게 얼마나 절묘한가!" 이미지로 표현된 '프렌치 라인'—르아브르-플리머스-뉴욕(이상하게도, 이 일련의 장소들 중에 나를 꿈꾸게 하는 곳은 '플리머스'다. 잠시 머무는 기항지의 낭만적 신화인 걸까?)—노선의 광고를 읽을 수 있는 옛날식 무대 커튼도 절묘하다. (역조명 효과로) 어둡게 보이는 무용수들도 절묘하다. 녹색과 붉은색 빛줄기가 난무하는 천장 아래, 꼭두각시들처럼 뻣뻣하게 손발을 놀리며, 이따금씩 그들이 움직인 자취를 뒤덮어버리는 안개 속에 춤추는 그들. 흔들리는 거울도 절묘하다. 벽을 따라 약간 복고풍의 지혜처럼 흐르는, 어딘지 모르게 그리스식인, 거무스름한 프레스코 벽화들도 절묘하다.

팔라스 클럽은 보통 클럽 같은 '댄스 클럽'이 아니다. 이 클럽은 여기저기 흩어져 있기 마련인 즐거움들을 하나의 독창적인 장소에 불러 모은다. 지극 정성으로 잘 보존된 건물인 이 극장이 주는 즐거움, 즉 눈으로 보는 것의 즐거움. 그리고 현대적인 것의 흥분, 신기술 덕분에 생겨난 새로운 시각의 탐구, 춤의 기쁨, 가능한 여러 만남의 매혹. 이 모든 것이 모여 아주 오래된 그 무엇, 우리가 '축제'라 부르는 것, '오락'과는 분명 다른 그 무엇을 만들어낸다. 사람들을 하룻밤 동안 행복하게 해줄 각종 감각 장치 일습이 마련되는 것이다. 새로운 점, 그건 바로 이런 종합, 전체성, 복합성의 느낌이다. 나는 자족적인 장소에 와 있는 것이다. 바로 이 점이 더해져서 팔라스 클럽은 단순한 기업이 아니라 하나의 '작품'이 되고, 팔라스를 구상해낸 사람들은 스스로 예술가라고 느껴도 전혀 부족함이 없는 것이다. 프루스트라면 팔라스를 좋아했을까? 모르겠다. 이제 공작부인들은 더 이상 없다. 그렇지만 높은 곳에서 몸을 숙이고 색색의 광선이며 춤추는 사람의 몸 윤곽들이 흥청거리는 팔라스 클럽의 바닥 쪽을 굽어보며, 내 주위 계단식 좌석들과 칸막이 없는 개별석들의 그림자 속에서 무엇 하러 저리 돌아다니는지 알 수 없는 경로를 바삐 오가는 젊은 육체들을 어림짐작으로 분간하다보면, 현대적인 모습에 겹쳐지는, 내가 지난날 프루스트 소설에서 읽었던 무언가를 다시 만나는 것만 같다. 오페라 극장의 저녁 시간, 젊은 '화자話者'*의 열정적 눈에 비친 연주장과 칸막이 특별석들이 온통 물처럼 출렁이는 환경을 이루고, 깃털 장식, 눈길들, 보석들, 얼굴들, 해신海神들의 몸짓처럼 희미한 동작들이 그곳을 가만히 비추는 가운데 게르망트 공작부인이 귀빈석에 앉아 있던 그날 저녁 말이다. 요컨대 그건 그저 하나의 은유일 뿐인데, 멀리서부터 내 기억 속까지 찾아 들어와 마지막 매혹―문화의 허구들로부터 오는 매혹―으로 팔라스 클럽을 아름답게 만들어주는 은유다.

〈보그-옴므〉 제10호, 1978년 5월

*프루스트의 대하소설 《잃어버린 시간을 찾아서》의 화자를 말한다.

파리의 저녁들

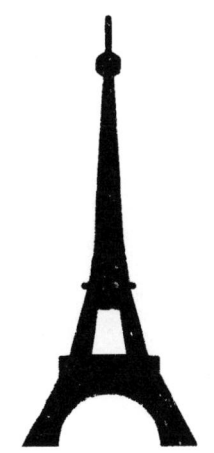

자, 우린 이제 제대로 벗어났도다.
_ 쇼펜하우어 (죽기 전, 종이에 적은 글귀)

1979년 8월 24일[1]

(어제 저녁). 카페 플로르에서 이렇다 할 사건 기사 없는 〈르몽드〉지를 읽고 있는데, 내 옆에 사내 녀석 둘이(그중 한 녀석은 얼굴을 보니 나와 안면이 있고, 심지어 서로 눈인사까지 하는 사이다. 그는 이목구비가 반듯한 덕에 꽤나 미남이지만 손톱이 두툼하다) 모닝콜로 잠 깨우는 기능에 대해 장황하게 이러쿵저러쿵 떠들고 있었다. 모닝콜이 두 번 울리는데도 깨지 않는다면 그걸로 끝이라는 둥, 요즘은 그런 것도 다 컴퓨터로 된다는 둥, 기타 등등. 내 눈엔 외국인으로 보이는 청년들이 꽤나 빼곡히 들어찬 지하철 전동차(아마도 파리의 북 역이나 동 역이었던 듯)에서, 미국 포크송류를 연주하는 기타 연주자가 구걸을 하고 있었다. 나는 조심스레 옆 칸으로 옮겨 갔지만, 오데옹 역에서 그 기타 연주자도 칸을 바꿔 타느라 내가 있는 칸에 올라탔다(이런 식으로 그는 모든 전동차 칸을 두루 도는 게 틀림없었다. 나는 재빨리 내렸다가 그가 방금 내린 칸에 다시 올라탔다). 항상 내게는 구걸이

[1] (육필 원고에서 페이지 맨 위 여백에 바르트가 메모해놓은 내용) "내가 이 글을 쓴 날짜. 그러니까 글에 나오는 일들은 원칙적으로는 그 전날 저녁에 일어난 일이다."

무슨 히스테리 발작이나 공갈 협박처럼, 또는 오만한 행동처럼 거북스럽기만 하다. 자기가 연주하는 음악 혹은 아예 음악이라는 것 자체가 상대방을 언제나 기분 좋게 해준다고 생각하는 셈이니 말이다. 나는 스트라스부르 생드니 역에서 내렸는데, 역 구내에 색소폰 독주 소리가 아주 크게 울려 퍼지고 있었다. 굽어진 지하철 통로를 돌아서니, 그곳에 홀쭉한 몸매의 흑인 청년이 색소폰을 불면서 심히 '몰지각하게' 엄청난 소음을 내고 있는 모습이 눈에 띄었다. 참 후줄근한 동네라니. 아부키르 거리에 대해 얘기하던 샤를뤼스 생각을 하며 그 길을 일부러 찾아보았다. 이 길이 파리의 대로들*과 지척이고 그 대로들로 이어지는 줄 미처 몰랐다. 아직 8시 30분도 안 되었기에 나는 이리저리 좀 돌아다니다 약속 시간에 맞춰 104번지—파트리시아 L.이 내려와서 내게 문 열어주기로 한 건물—에 가기로 했다. 동네는 휑하고 지저분했다. 비를 품은 찬바람이 아주 세게 불어와서 도매 제조업이 성한 이곳의 차들이 지나다니며 떨구어버린 포장지 쓰레기들이 엄청나게 날아다니고 있었다. 세모진 공간에 자리 잡은 작은 놀이터가 눈에 띄었다(아마 알렉상드리 거리였던 것 같다). 아담한 광

---

*센 강 우안右岸의 '그랑 불바르(대로)들'을 뜻한다.

장이었지만 지저분했다. 플라타너스 고목 세 그루(나무들이 제대로 숨 쉴 수 없을 것 같아 안쓰러웠다)와, 마치 밤색 나무 박스같이 생긴 특이한 모양의 벤치들이 있었다. 한쪽 옆에는 얼룩덜룩 칠한 나지막한 건물이 한 채 있었다. 나는 그 건물이 아주 초라한 소규모 뮤직홀이라고 생각했지만, 웬걸, 거기도 역시 제조 공장이었다. 그 옆의 벽면에는 무척이나 커다란 영화 광고 포스터가 붙어 있었다(젊은 여자 두 사람에 둘러싸인 피터 유스티노프). 내친 김에 생드니 거리까지 걸어갔지만, 몸 파는 여자들이 너무 많아 그 거리에서 '얼쩡댄다'는 것은 본연의 뜻이 아닌 다른 의미를 띨 수밖에 없었다. 나는 가던 길을 돌이켜 걸어왔는데 변변히 구경할 만한 상점 진열장 하나 없어 지루했다. 잠시 아까 그 작은 놀이터의 벤치에 앉았다. 아이들이 소리를 지르며 공놀이를 하고 있었다. 또 다른 아이들은 아주 세게 몸을 날려 공중으로 뛰어올랐다가 거대한 종이 더미 위에 쿵 하고 떨어지는 놀이를 재미나게 하고 있었다. 바람이 불어와 종이 더미가 휙휙 날리고 흩어지기 시작했다. '이거 무슨 영화 같잖아! 이 장면을 촬영해서 어느 영화 한 장면으로 넣어야겠는 걸.' 나는 좀 엉뚱한 공상에 빠져들었다. 이 장면을 즉시 영화로 찍을 수 있는 기술(내 셔츠 단추 위치쯤에 완벽한 카메라 한 대 설치하는 것)을 상상했고, 몹쓸 바람이 활기를 불어넣은 이 장소를 나중에 한 인물을 데려다놓을(transposer)² 수 있는 무대장치로 바꾸어놓을 기법도 상상했다. 나는 마침내 104번지 그 건물에서, 여전히 몽상이 섞인 상태로, 루아얄 아부키르 호텔(이름도 참!) 앞을 지나며 이 구석에서 풍기는 우울의 막강한 힘에 질린 채, 알게 되었다. 이곳은 뉴욕의 가난한 동네와 같은데 파리답게 그 규모만 축소된 것임을. 저녁 식사(맛있는 리조토가 나왔는데, 당연히 소고기는 전혀 익히지 않은 날것이었다) 때는 친구들 때문에 기분이 좋았다. A.C, 필립 로제, 파트리시아 그리고 프레데리크라는 젊은 여인. 그녀는 상당히 화려한 드레스를 입었는데 그 옷은 드물게도 아주 멋진 파란색이어서 내 마음을 차분하게, 아니면 최소한 기분 좋게는 해주었다. 그녀는 그리 대단한 말을 한 것은 아니지만 어쨌든 그 자리에 와 있었고, 저녁 모임이 잘 이뤄지기 위해서는 이처럼 주의 깊으면서도 주변적인 존재들이 꼭 필요하겠다는 생각이 들었다. (하지만 앙드레 T는 좀 지나치다.) 우리는 그들이 '썰렁한 이야기'라 부른 것들("영국 빅토리아 역에서 프랑스 말을 하는 스페인 여자를 만났어" 같은 이야기)에 대해 말하면서 서로 자극을 주고 개념 규정에 대해 반론을 제기했다. 또 호메이니 얘기도 했다(난 오늘날 사람들에게 있는 것이라고는 정보뿐이며

---

2 원래는 '변화시킬transformer'이라는 의미로 쓴 것 같다.

분석이라는 것은 결코 없으며, 아무도 예컨대 이란의 사회 계급의 권력 게임 상태가 현재 어떤지를 절대로 얘기해주지 않는다고 말하고, 이 문제에 대해서 마르크스의 존재가 아쉽다고 했다). 그다음엔 나폴레옹 이야기를 했다(내가 요즘 샤토브리앙의 《사후의 회고록》을 읽고 있기 때문에). 11시 30분이 되어서 내가 제일 먼저 자리에서 일어났다. 오줌이 마려웠고, 택시를 못 잡아 지하철을 타고 가야 할까봐 걱정되어 그랑불바르 대로, 포르트 생드니 맞은편에 있는 한 비스트로*에 들어갔다. 화장실 문을 간신히 열 수 있었는데, 그 문 한 구석에 포개 서서 뭐라 말로 표현할 수 없는 세 사람(반쯤은 대구 같이 생기고 반쯤은 여자 같은 친구들)이 마르세이유 창녀에 대해 이야기하고 있었다(내가 듣기로는 그랬다). 몸에 문신을 한 미남 아시아 인(몸에 딱 붙는 셔츠의 짧은 소매 밑으로 청록색 문신이 비어져 나와 보였다)이 핀볼을 같이 칠 하수인 한 사람을 끌고 들어왔다. 바에 있는 종업원과 여자 매니저는 둘 다 천박하고 지쳐 보였는데 친절했다. 나는 속으로 이 직업도 참 힘들겠거니 생각했다. 택시에서는 더러운 땟국 냄새와 약국 냄새가 풍겼다. 그런데도 형식상으로는 '금연'이라고 쓰여 있었다. 잠자리에 누워 라디오를 켜니 제르맨 타유페르가

*선술집을 겸한, 간단한 음식도 파는 카페

내가 좋아하는 목소리와 독법으로 열심히, 뻔한 소리와 허영투성이인 말들을 늘어놓고 있었다. 이야기 중간에 음반으로 틀어주는 스트라빈스키와 에리크 사티의 곡들이 빨리 끝나 제르맨의 목소리를 침대에 누운 채 다시 들을 수 있게 되길 기다리며, 나는 방금 쇠이유 출판사에서 나온(이미 F. W.*이 이 책에 대해 내게 얘기했었다)《M/S》의 첫 몇 장을 들여다보았다. 내가 이 책에 대해 무슨 얘기를 할 수 있을까 자문하면서, 그리고—잘 쓴 책이고 공감 가는 책이긴 하지만—"그래, 그래" 정도밖에는 할 말을 찾지 못하면서, 그러다가 열심히 《사후의 회고록》에 나오는 나폴레옹 이야기를 계속 읽었다. 불을 끈 뒤에 다시 라디오를 틀었다. 날카롭고 연약한 소프라노 음성이 따분한(이런 곡들은 다 비슷비슷하다) 고전음악 한 곡(캉프라의 곡 같은 분위기)을 뽑아대고 있었다. 라디오를 껐다.

* 프랑수아 발. 이 책의 원편집자

1979년 8월 25일

그냥. 플로르 카페에서 에리크 M과 함께 프랑크푸르트 소시지, 달걀 반숙을 먹고 보르도 포도주 한 잔을 마셨다. 딱히 눈여겨볼만한 사람이 없다. 턱수염이 희끗희끗한 아르헨티나 남자가 내가 앉은 식탁으로 오더니 아까 했던 초대의 말을 되풀이한다. 비용 일체를 다 댈 테니 자기가 이끄는 '커뮤니케이션 연구소'에 오라는 것이다. 내가 우물쭈물하니 당장 이런 말을 덧붙인다. "저희는 정치적으로 완전히 독립돼 있습니다." (난 그 생각은 못 했고, 오히려 '부에노스아이레스에서 이 남자와 몇 번이고 저녁을 함께 먹어야 할 텐데 참 지루하겠구나' 하는 생각을 했던 것인데—영어로 소통해야 하니까.) 웬 젊은이가 혼자 들어오더니 자리에 앉았다. 그가 어떤 인종인지는 분간할 수가 없었다(단지 아몬드처럼 옆으로 길게 찢어진 눈만 특이했다). 몸에 딱 붙긴 하지만 어두운 색깔의 정장 상의(적어도 라파엘로 그림에 나오는 성모 마리아 스타일 같은 복장)를 걸치고 있었다. 목깃은 구깃구깃하고, 폭 좁은 넥타이는 꽉 죄어 맸고, 빨간 사슴 가죽으로 만든 희한한 구두로 자기 스타일을 마무리(아니면 시작?)하고 있다. 주간지 〈샤를리 엡도〉를 파는 사내가 지나간다. 이 주간지의 명청한 취향에 걸맞게, 표지에는 상추 같이 푸르딩딩한 사람 머리가 여럿

담긴 바구니를 그려놓았다. "캄보디아 인의 머리, 두당 7프랑"이라는 문구와 함께. 아니 정확히 말하자면, 웬 캄보디아 청년이 분주하게 카페에 들어오다가 표지 그림을 보고 눈에 띄게 깜짝 놀라며 걱정스러운 모습으로 그 주간지를 산다. 캄보디아 인의 머리라니! 이 모든 일이 벌어지는 동안, 에리크과 함께 일기에 대해 조금씩 논의한다. 나는 〈텔켈〉지에 실으려고 얼마 전에 쓴 글을 그에게 헌정하고 싶다고 말했다. 그 말에 진심으로 기뻐해주는 모습에 나는 감동을 받았다(저녁 만남의 작은 기쁨). 그는 렌느 거리를 거닐며 나를 바래다주면서, 몸 파는 게이들이 밀집해 있으며 그들이 잘생겼다는(나는 이 점에 대해 그보다 유보적인데) 사실에 놀라워했다. P가 그를 두고 험담을 했다고 알려준 Y 때문에 자기가 상처 받았다는 얘기도 했다(이는 Y가 남을 조종하려는 식으로 행동하는 사람이다 보니 관계가 얽혀서 생겨난 소소한 사건이었다). 밤에 침대에 누워, 〈호두까기 인형〉을 들으면서(환상적 음악의 예를 들기 위한 자료로 선택된 곡!) 나바르의 최신작(다른 작품들보다 낫다)과 《M/S》("그저 그렇군")를 조금 읽었다. 그러나 이건 마치 숙제와도 같아서, 일단 빚을 (분납으로) 좀 갚고 나서 책을 덮고 안도하며 정작 독서 중인 《사후의 회고록》을 다시 잡았다. 여전히 이 생각, 만약 현대인들이 뭘 잘못 알고 있는 거라면? 그들이 재능 없는 사람들이라면 어쩔 것인가?

1979년 8월 26일

보나파르트 거리에서 저녁을 먹으려고 클로드를 기다리다가, 우연히 제라르 L과 마주쳤다. (나는 이런 즉흥적인 만남이 싫다. 카페에 혼자 있으면서 여기 저기 쳐다보기도 하고 지금 하는 일 생각도 하고, 그러고 싶은 것이다.) 그는 어느 때보다도 불안하다. 곱슬머리로 덮인 얼굴에 부드러운 미소를 짓고, 근시인지 놀란 건지 아무튼 동그란 안경 뒤로 보이는 파란 눈을 크게 뜨고 두서없이 이 소리 저 소리 늘어놓으며 다시금 꺼내는 말이, 어떤 녀석의 아파트에 같이 살려고 전에 살던 방을 나왔는데, 에콜 데 보자르*가 문을 닫은 동안(여름 방학 기간에) 그 아파트에 기거하면 그림 그릴 공간이 확보될 거라고 기대했다는 것이다. 그런데 그 녀석이 미친놈이라서, 지금 사는 게 사는 게 아니라는 것. "그 녀석이 몇 살인데?" "스물 네 살, 화가." "그 녀석이 널 꼬시든?" "아뇨, 정말 아녜요."(마치 꼬시지 않았다는 바로 그 점이 제라르 L. 자신의 입장에서 난감하다는 듯이) 그 자식 제정신이 아니에요, 운운. 나는 그가 필사적으로, 전력투구하며 무조건 매달리듯이 부탁하는 것을 보고 이 친구가 정말 갈 데 없는 막다른 골목

*파리의 국립 미술학교

에 몰려 있다고 느꼈고, 그래서 마치 내 손아귀에 있는 노예를 보듯이 흥분되었다. 또한 모든 상황들이 뒤섞여서, 내가 문득 그에게 "그럼 우리 집으로 와." 한다면 그가 얼마나 기뻐하고 안도할지를 생각하니 감동되기까지 했다. 그런데도 꾹 참았다. 그렇게 한다면 미친 짓일 테니까. 클로드 J가 털실로 짠 옷을 입고 왔다. 밖에는 억수같이 비가 내렸고 날은 추웠다. 우리는 끝도 없이, 갈 식당을 못 정하고 망설이고 있었다. 그는 내게 선택의 자유를 있는 대로 다 주지만 그 자유는 늘 그렇듯 어찌 감당해야 할지 모르겠는, 사람 죽이는 자유다. 그는 내게 콜레주 드 프랑스 근처에 있는 "고기 나오는 식당" 한 곳을 이야기했다. 고기 나오는 식당이라는 생각에 입맛이 당기지 않고 식당에 사람이 많으면 어쩔까 싶은데도(사람 많은 식당은 딱 질색이다) 빗속을 걷는 게 너무 싫어서 차라리 멀리 있는 식당을 택했다(거기 가려면 차를 타야 할 테니). 다행히도 고기 나오는 그 식당은 닫혀 있었다. 보팽제 식당으로 가는 도리밖에 없었다. (내심 나는 처음부터 보팽제로 갔으면 했던 것이, 비싸긴 하지만 맛있는 그 식당(겸 카페)에 요새 푹 빠져 있었으니까.) 거기 가면 그 식당의 매니저가 나를 이름 아닌 성姓으로 부르는데, 나는 그게 으쓱하면서 거북하기도 하다. 크레송 샐러드는 맛있고, 생선 요리와 삶은 야채 요리에 식초를 뿌려 먹는, 내가 아주 좋아하는 음식이 있다(내가 이탈리

아를 처음 여행했던 때부터 좋아하는 음식). 클로드 J는 내게 자기 친구 J-P와 함께 갔던 터키 여행 이야기를 해준다. 내가 알기로 자동차에서 몇날 며칠 밤을 보내고 새벽 한 시에 미지의 도시에 당도해가며 20일간 11,000킬로미터나 갔다는데 이런 모든 행동들이 나라면 도저히 불가능할 것이다. 나로서는 처음부터 내일의 난점들에 대해 그에게 얘기하고 싶었다. 하지만 언제나 그렇듯 뭔가에 대해 얘기를 하려고 하면, 나는 지나치게 그걸 의식하느라 아무 말도 못한다. 결국 정작 하려던 이야기는(사실은 그 이야기로 온통 대화가 채워져야 했을 터인데도) 단 한 문장으로 간단히 해버린다. 사람들 한 무리가 들어오는데, 그중 둘은 수염이 덥수룩한 오십 대 남자다. 자연이 한 번 실수한 것을 다시 한 번 시도한 것처럼 똑 닮았다. 쌍둥이 같이. 둘 중 한 사람이 큰 몸짓으로 내게 신호를 보냈다. 어제 (플로르에서) 봤던 그 아르헨티나 남자다. 또 한 사람은 내 눈에 어딘지 모르게 미술평론가처럼 보인다. 좀 더 떨어진 자리에 한 쌍으로 마주 앉아 식사하는 두 청년을 보고 우리는 놀랐다. 그들은 가난해 보이고 옷차림도 남루하고 몰골도 형편없으며, 둘 중 한 사람은 북아프리카 인 같고 또 하나는 검은 안경을 썼는데 손이 노동자 손처럼 커다랗고 지저분했다. 이들은 여기서 무얼 하고 있는 거지? 일터의 동료 둘이서 기분 좋게 취해 있는 건가?

집에 돌아와 힘 안 들이고 침대에 누우면 된다는 게 편안하고 행복하다. 라디오에선 가느다랗고 밋밋하고 희멀겋고 느릿하고 권태롭고 마치 부적응자, 저능아 같은 여자 목소리가 나오더니 베토벤 소나타 한 곡이 이어진다. (그런데 그 곡을 연주하는 사람은 감옥에서 복역 중인 아르헨티나 인이다. 사람들을 살짝 선동하는 짓.) 그리고 끝도 없이 길기만 한 일본의 독창곡, 이어 인도 가수의 굵은 음성, 이 또한 끝없이 길다. 이 모든 것이 고요하다. 모호하게 연결되는 기묘하고 지루한 프로그램. 나는 《사후의 회고록》을 기쁜 마음으로 이어서 읽는다. '100일' 부분을 읽고 있다.

1979년 8월 27일[3]

  셀렉트 카페에서 필립 S를 기다린다(지금 8월 말이라 쿠폴이 문을 닫았기 때문에). 카페의 테라스는 손님들로 가득 차 있고, 내겐 이 카페가 적대적으로 느껴진다. 버릇처럼 드나들던 곳이 아니어서 그런가 보다. 혼자 앉아 있는 여자 한 명. '노는 여자'인가? 아니다. 그녀는 아무 말 없이 자리를 뜬다. 내 뒤에, 낭랑한 여자의 음성. 분명 수작을 걸어오는 웬 놈팡이에게 이야기하고 있다. 화제는 별자리다. 사수 자리와 잘 맞는 자리는 뭐가 있는지 찾고 있다(필시 그 놈팡이가 사수 자리인가보다). 웃기게도 모든 자리가 사수 자리와 잘 맞는단다. "심지어 황소자리도". 웨이터는 남자 손님 한 명과 이야기 중이다. 마치 식사하던 사람들이 쓰던 냅킨을 접어 식사 시간을 마무리하듯이 그 웨이터가 하던 말을 조심스레 끝맺기(이는 프루스트에 나오는 장면이다. 부엌에서 주인들이 종을 울리는 장면) 전에는 그의 주의를 끌 도리가 없다. 우리는 로통드 카페의 칸막이 자리로 저녁을 먹으러 간다. 옆자리엔 매우 흥분한 작달막한 노인이 (그 나이에 아직도) 연하의 이 빠

---

3 (육필 원고에서 페이지 맨 위 여백에 바르트가 메모해놓은 내용) "복합과거 시제로 할 것".

진 여자에게 수작을 걸고 있다. 우리는 샤토브리앙 이야기, 프랑스 문학 이야기, 이어 쇠이유 출판사 이야기를 한다. 그와 함께하면 항상 기분이 좋고 아이디어도 잘 떠오르고 신뢰감이 들며 작업의 설렘도 느껴진다. 그는 프랑스 문학의 역사를 (욕망이라는 관점에서) 써보겠다는, 내가 품었던 생각에 불을 붙인다. 배梨로 만든 독주를 한 잔 마시고 시가 한 대를 더 피우며 저녁 만남을 연장할 생각을 한 게 잘못이었다. 게다가 그건 이상하고 평소의 나답지 않은 생각이기도 했다. 배가 꽤나 따끔따끔 아팠다. 난 혼자 돌아왔다. 8월의 일요일, 밤 11시, 모든 게 휑했다. 바뱅 거리에서 진한 화장을 한 멋쟁이 젊은 미녀와 스쳤는데, 그녀는 개를 줄에 매어 끌고 있었다. 그녀가 지나간 뒤로 아련한 은방울꽃 향이 남았다. 나는 뤽상부르 공원을 지나 끝없이 텅 빈 긴메르 거리를 따라 걸었다. 모리스 기념비 기둥 위에 커다란 영화 광고 포스터가 붙어 있었다. 배우들의 이름(제인 버킨, 캐서린 스카프)이 큰 글씨로 적혀 있었다. 마치 그것이 누구도 꼼짝 못할 미끼라도 된다는 듯이 말이다(하지만 그 배우가 대체 누구지? 난 그들 따위는 안중에도 없다니까! 내가 캐서린 스파크를 보겠다고 영화를 보러 갈 것 같아? 운운). 보지라르 거리 46번지(개신교 신자들의 활동 본거지인 건물) 앞에, 한 청년의 매력적인 실루엣. 누군지 미처 알아보기도 전에 그는 건물로 들어간다. 잠자리에 누워, 요즘

시대의 과제 같은 책들을 읽으라고 나 자신을 들볶지 않고, 바로 샤토브리앙의 《사후의 회고록》을 집어든다. 세인트 헬레나 섬에 묻혀 있던 나폴레옹의 시신을 파내는 장면에 관한 놀라운 한 쪽.

1979년 8월 28일

오후에 일하려면 언제나 이렇게 힘들다. 나는 여섯 시 반쯤 발길 닿는 대로 외출했다. 렌느 거리에서 새로운 게이 녀석 한 놈이 눈에 띄었다. 머리칼이 얼굴을 덮고, 한 귀에 얄쌍한 귀고리를 하고 있다. 베르나르 팔리시 거리에 인적이 전혀 없었기에, 우리는 이야기를 나눴다. 그의 이름은 프랑수아. 하지만 호텔이 만원이었다. 난 그에게 돈을 좀 주었고, 그는 한 시간 뒤에 꼭 오겠다고 했는데, 당연히 오지 않았다. 내가 정말 잘못한 건지 자문해보았다(누구라도 이렇게 소리 지를 것이다. 아니 몸 파는 놈한테 미리 돈을 주다니!) 어떻게 했든 결과는 마찬가지라고 나는 생각했다. 사실 그에 대한 욕망이 별로 없었으니까(그리고 같이 자고 싶다는 욕망도 없었다). 관계를 하든 안 하든, 여덟 시면 나는 내 인생의 똑같은 지점에 다시 가 있을 것이다. 단순한 눈맞춤, 몇 마디 말 나눔만으로도 성적으로 흥분되니까. 난 그 즐거움의 대가를 지불한 셈이다. 그날 저녁 좀 더 지난 시간에 플로르 카페에서, 우리 탁자 멀지 않은 곳에 또 한 녀석, 가운데 가르마를 탄 긴 머리에 천사 같은 친구가 이따금씩 나를 쳐다본다. 가슴께를 열어젖힌 새하얀 그의 셔츠가 나를 끌어당긴다. 그는 〈르몽드〉지를 읽으면서 리카르 술을 마시고 있는 듯한데, 자리를 뜨지 않다가 마침내 나를 보고 빙긋 웃는다. 두 손이 큼직한데 몸의 나머지 부분은 부드럽고 섬세해서 대조를 이룬다. 난 언제나 손을 보고 애인을 끌어들인다. (결국 그는 우리보다 앞서 자리를 뜨고 만다. 나는 그를 붙잡는다. 왜냐하면 그가 빙그레 미소 지으니까. 그리고 애매한 약속을 잡는다.) 좀 더 떨어진 곳에 한 가족이 자리 잡고 북적대고 있다. 아이들이 서너 명인데, 히스테릭하다(프랑스에선 언제나 그렇다). 멀리서 보기만 해도 그 아이들 때문에 피곤하다. 집에 들어가니 라디오에서 IRA*가 마운트바튼 경을 대상으로 저지른 테러 소식이 들린다. 다들 분개하지만, 그의 손자인 15세 소년의 죽음에 대해서는 아무도 말하지 않는다.

*아일랜드공화국군軍

1979년 9월 3일

'되마고' 카페가 다시 문을 열자, '플로르' 카페엔 사람이 전보다 줄었다. 카페 내부는 거의 텅 비어 있다. 난 거기서 자주 고개를 들어 주변을 봐가면서 파스칼의 《팡세》를 읽는데, 그렇게 고개를 들어서 좋은 점도 있다. 멀찌감치, 술렁대는 사람들 한 패. 첨단 패션으로 치장한 정신 나간 여자들, 일행의 한복판엔 작디작은, 매우 히스테릭한 처녀(그녀는 사진들을 보여주고, 얘기를 해가며, 열 손가락 모두 바짝 치켜들고 토스트에 버터와 잼을 바르고 있다). 새로운 한 남자가 그 자리로 온다. 잘난 체하는 그 미남 청년에게 묻는다. "발이 크네요" (내겐 하얀 신발을 신은 두 발밖에 안 보인다.) 위아래 다 청색으로 빼입은 르노 C가 (그 청년의) 셔츠에 눈길을 준다. 이보다 덜 형이상학적일 수는 없을 것 같다. 즉 이보다 더 '아이러니' 할 수는 없을 것 같다는 말이다(이 말에 일말의 불쾌감이 들어 있기는 하지만), 프랑수아 플라오 그리고 눈 큰 마들렌도 카페에 들어온다. 들어올 때, 자리를 뜰 때 서로 포옹하고 빰을 대고 인사 나누고. 그녀는 이런 걸 대단한 일이라고 생각하는 게 틀림없다.

장–루이 P는 플로르에서 저녁 먹기를 원치 않는다(이곳에서 나와 같이 있다가 남의 눈에 띄는 것, 즉 나이 차이 때문에 남들 눈에 자기가 내게 얹혀사는 남자로 찍히는 것에 거부감이 있는 것인지?). 우리는 말렌 식당에서 편치 못한 저녁 식사를 했다. 앙드레가 예르*에서 그에게 전화를 걸어왔는데, 사실 앙드레가 당장 그곳을 출발해 장-루이 있는 곳으로 오고 싶어 한다는 걸 나는 안다. 분하기도 하고, 너그럽게 봐주자는 마음도 들고, 체념에다 당당한 허세까지 더하여, 나는 그에게 이만 가보라고 강력히 설득했다. 그는 아홉 시에 내 곁을 떠났고, 나는 다시 혼자가 되어 꽤나 서글펐다―포기할 마음을 먹은 상태였다. (하지만 어떻게 그에게 얘기를 하지? 더 이상… 어떠어떠한 핑계 하에 그를 못 본다는 건 부당한 일 아닐까? 그렇지만 내가 원하는 게 바로 그건데, 연달아 닥치는 이 모든 실패로부터 내 인생을 깨끗이 정리하고 싶다는 것.) 나는 플로르에 가서 시가를 피우며 파스칼의 《팡세》를 다시 집어 들었다. 전부터 안면이 있는 키 큰 갈색머리 놈팡이가 내게 와서 '봉주르' 하고 인사하더니 앉아서 레몬주스를 한 잔 마신다. 그의 이름은 다니, 마르세이유 출신이고 아주 서민적인 친구인데, 자기표현을 잘 못한다. 침울한 사람이라는 느낌이 든다. 그는 막 제대했고 산업 디자인 연수생으로 들어가려고 기다리는 중이란다. 잠잘 곳이 없다며 오로지 그 하소연만 한

*남프랑스의 해변 도시

다. 이 친구 저 친구 찾아다니고 기차역이나 모모 씨 집에 찾아가고… 아, 원룸 한 칸만 지닐 수 있다면… 요컨대, 그는 똥 밟은 상황이다. (썰 풀기, 불편함, 게다가 똥) 이런 이야기 말고 나머지는, 놈팡이가 으레 하는 전형적인 이야기다. 즉 거시기가 절대 그 단어로 언급되지 않는 정결한 이야기. 정말로 나와 잘 준비가 되었다는 말을 그의 입에서 나오게 하려고 내가 종용할 때마다 그는 대답한다. "저는 자유로운 몸이에요." 새벽 다섯 시에 깨어났다. J.-L. P와 관계가 깨진 것을 생각하면 마음이 아프고 서글프다.

1979년 9월 5일

일하다 지쳐서 평소보다 좀 일찍 나왔다. 여덟 시에 플로르에서 F. W.와 세베로와 약속이 있었지만 가고 싶지 않아서, 루아얄 오페라 카페의 테라스에 〈르몽드〉지를 읽으러 갔다. 휴가 떠났던 자동차들이 돌아왔고, 이제 더 이상 8월 어느 날 저녁의 그런 '휑한 상태', 내가 맛나게 즐겼던 그 상태가 아니다. 혼자서 비탄에 잠긴 모습을 하고, 내가 아는 놈팡이, 밝은 푸른색 눈에 창백하고 호리호리한 조제가 와 있다. 나는 그의 시선을 피한다. 왜냐하면 그가 진작 내게 부탁했던 책을 갖다 준다는 걸 이번에도 또 깜박했기 때문에. 그는 내가 서명한 책을 받고 싶어 한다(내가 문인이라고 그에게 말해준 사람이 누군지 모르겠다). 그리고 번번이 꼭 책을 달라고 한다. 나는 신문을 읽고 싶다. 결국 난 그에게 말을 걸고야 만다. 지금 그는 '콘티넨탈'에서 일하고 있단다. 그에게 묻는다. "거기 좋아?" 손님들 물은 좋은지 생각하면서 물어본 것이다. 그런데 그는 대답하기를, 어둑한 시간 아닐 때 보면 (이런 말을 함으로써 자기 위치가 위치인 만큼 막후幕後까지 환히 안다는 걸 은근히 내게 알리면서) 겉으로는 현대적인 것 같아도 별로 깨끗하지 않다고. F. W., 세베로와 함께, 우리는 보팽제 식당으로 저녁을 먹으러 갔다. 먹고 나와서 보마르셰 동상 발치께에 세워

놓은 차를 향해 가면서(세베로는 항상 자기는 여기서 살고 싶다고 거듭거듭 말한다), F. W.는 가끔 그러듯이 문득 엄숙하고 다정하게 굴며(난 항상 그런 상태를 두려워하는데, 그가 애정을 가진 '심판관' 같은 흥미를 갖고 내 얘기를 할 것임을 알기 때문이다. 그리고 그 즉시 내 몸이 다른 몸으로 바뀌는, 그래서 도망치는 아이가 되는 느낌이다), 전형적으로 《M/S》라는 책의 코멘터리에 대해 장황하게 이야기를 늘어놓는데—그 책에 대해 난 이미, 그 세계는 내가 절대로 접근할 수 없는 세계라고 말한 바 있는데—이것 말고 다른 무슨 말을 하겠는가? 그러니까 F. W.는 내게 말하길, 언젠가 나의 성정체성의 거부된 부분들, 내가 결코 말하지 않는 그 부분들(내 경우엔 사도마조히즘일 수도 있는)에 대해 내가 스스로 설명해야 할 것이라고. 난 그런 얘기에 대해 말하자면 성질이 난다. 우선 논리적으로 봐도, 있지 않은 것에 대해 어떻게 설명을 한단 말인가? 할 수 있는 것은 '확언'뿐이다. 그리고 사도마조히즘을 규범으로, 정상적인 것으로 만들려는 이 억설—그것이 없음을 설명해야 하는—은 사람을 낙담케 한다. 저녁 시간 초반부터, 세베로는 사람들이 바스티유 광장 부근 켈레르 거리에 있다고 귀띔해준, 가죽 제품으로 꾸민 어느 바를 보러 가겠다는 끈질긴 집착을 갖고 있었다. 그런 종류의 생각을 그가 절대 단념하지 않기에, 우리는 슬슬 걸어서 그리로 갔는데, F. W.와 나는 나지막한 소리로 '가도 아무것도 없었으면 좋겠다'고 했다. 아파트 건물 사이로 좁게 트인 매력적인 공간, 둥근 종탑(노트르담 데스페랑스*), 주황색 불이 환히 켜진 창문 등 정말 이탈리아 같은 구석을 뜻밖에 발견하고 나서 켈레르 거리에 다다랐는데, 그곳의 바 하나가 눈에 띄었다. 현란한 조명이 켜져 있고, 비밀스런 구석이라고는 전혀 없는 그 바에서는 와자지껄 떠드는 소리가 흘러나오고 있었다. 문은 열려 있었다. 흑인들로 가득 차 있었고, 그중 한 사람이 격한 몸짓을 해가면서 바 주인—역시 흑인—을 공격하고 있었다. 우리는 안도하면서, 그 가죽으로 실내장식했다는 바 찾는 걸 포기했다. 밤 날씨는 온화했다. 우리가 탄 차는 젊은 이들로 가득한 그 동네를 가로질렀다. 난 산책하고 싶었지만 배가 조금 아팠다(탈이 나지 않으려면 좋은 식당에 가서 먹어야 한다는 걸 일반화시켜가며 보팽제 식당이 좋다고 추켜세운 건 바로 나였는데). 그런데 나는 집에 가기 전에 중간에서 차를 멈추는 것은 질색이다—왜냐하면 F. W.와 세베로와 함께 있을 때는 절대 그렇게 하지 않으니까. 그리고 습관이라는 것이 내겐 작은

---

* '희망의 성모'라는 뜻으로 성당 이름인데,
여기서는 확실치 않은 이 동네 성당의
이름을 바르트가 어림짐작한 것.

'초자아' 같다고 할 수 있으니까. 혼자 귀가하노라니 야릇한 공백, 그것이 나를 아프게 한다. 무심코 계단을 오르다 내 집이 있는 층을 지나쳤다. 마치 6층에 있던 우리 집*으로 귀가하는 것처럼. 마치 옛날, 엄마가 날 기다리고 계시던 그때처럼. 침대에 누워 호메이니의 글들을 읽었다. 경악했다! 너무나 터무니없어서 분개할 엄두도 나지 않는다. 시대착오적인 이러한 망상에는 분명 합리적 설명이 있을 것이다. 그 글에 대해 웃어넘기는 것은 지나치게 단순한 일일 텐데… 기타 등등. 요컨대, '역설'이 나를 부른다.

---

*바르트와 그의 어머니가 함께 살던 거처. 어머니 앙리에트 뱅제는 바르트가 이 글을 쓰기 약 2년 전인 1977년 10월 15일에 눈을 감았다. 바르트는 이 글을 쓰고 약 6개월 후인 1980년 3월 26일 세상을 떠난다.

1979년 9월 7일

피곤해서 힘겹게 장 G와 함께 앉아 그의 소설 원고에 대해 이야기하던 플로르 카페에서—어쩌면 그의 소설도, 또 미남이긴 하지만 잔뜩 긴장해 있던 그 사람도 나를 설레게 하지 못했기 때문일 거다(난 내가 협조적임을 그에게 보여주려고 몇 가지 비평을 한다. 하지만 그가 그런 비평을 액면 그대로 받아들이고 마음의 문을 닫는다는 느낌이다)—오래된 모로코 놈(이름이 알라미? 알라위?)—적어도 나하고 십 년 동안 알고 지내는 놈이고 십 년 전부터 나를 볼 때마다 자기 이야기를 들려주면서 나를 툭툭 치는 녀석—이 불쑥 나타나더니 칙칙한 유산遺産 얘기를 늘어놓기 시작했다(자기를 사랑하던 여자가 죽으면서 칸느의 빌라 한 채를 자기 앞으로 남겼지만 여러 가지 난점이 있는 것이, 경찰에서 자기를 기둥서방이라고 의심한다는 둥… 운운). 그리고 아예 대놓고 우리가 앉은 탁자에 자리를 잡고는 좀 더 편하게 이야기를 하려고 한다. 나는 거절했다(무례한 행동을 보면 거부할 힘이 솟는다). 그는 분노의 몸짓을 하고, 의자들을 확 밀치며 거칠게 자리를 떴다. 저녁에 우리는 베르나르 G와 그의 (새로 사귄) 이탈리아 친구 리카르도와 함께 투르농 거리의 작은 중국 식당에 갔다. 처음엔 아무 일도 없었지만, 차츰 그가 맘에 들었다. 몸이 청결했기 때문이다(두 손이 그렇고, 하얀 셔츠의 파인 목 부분으로 보이는 가슴이 그렇다). '욕망'의 트리오가 숙명적으로 형성된다. B. G.는 그의 선택에 의해 내가 누굴 욕망해야 하는지를 정해주었던 것이다. 나는 짝지어 다음날 비엔나로 함께 떠나는 그들이 부럽다. 나는 애틋하게 그들과 작별했다. 하지만 사실 속으로는 좀 씁쓸했다. 그들은 오래 떠나 있을 것이기 때문에. 그리고 어쨌든…

1979년 9월 8일

어제, 팔레트에서 비올레트와 함께 저녁을 먹었다. 우리 옆자리에는 흑인 남자 혼자 저녁을 먹고 있었다. 조촐하고 조용하고 점잖은 사람이었다. 공무원인가? 그는 후식으로 요구르트를 먹고 베르벤 잎차* 한 잔을 마셨다. 저녁나절 날씨는 후끈 더웠고, 거리는 사람들과 차들(괴물 같은 오토바이족들의 행렬)로 가득했다. 나는 배은망덕하게도, 열한 시쯤 플로르 카페로 가서는 밤 시간을 계속 보냈다. 좀 미숙아 같은 웬 녀석이 내 곁에 와 앉더니 바로 말을 걸었다. 짜증이 나서, 나는 신문만 뚫어지게 파고들었다. 한갓지게 신문 읽는 것도 퍽이나 힘들다.

*심신 안정 효과가 있어 늦은 저녁에 주로
음용하는, 보리수나무 잎을 우려낸 차

1979년 9월 9일

저녁나절. 딱히 쓸 말이 없다. 친구들과 레스트 7. 주변엔 멍청한 인간들투성이였지만(진하게 화장한 나이 든 여자들, 오직 밖으로 드러내 보이는 것밖에 안중에 없는 대중), 그래도 우정을 나누는 좋은 시간이었다. 그러나 그 토요일 오후, 일종의 다양한, 그리고 자유로운 듯하면서 충족되지 않는 유혹. 우선 뱅 V에서는, 건수가 전혀 없었다. 아랍인 중엔 내가 아는 사람 하나도 없고, 관심 가는 사람도 없고, 거북해하는 모습의 유럽인들만 수두룩하다. 유일하게 특이한 건 어느 아랍인인데, 젊지는 않지만 그런 대로 괜찮은 그가 유럽인에게 관심을 갖는다. 누가 봐도 돈을 요구하는 것은 아닌데 그들의 성기를 만지고는 또 다른 사람에게로 옮겨 가서 그 짓을 한다. 뭘 원하는 건지 알 수가 없다. 그야말로 역설. 이 아랍인에겐 자신의 성기(그의 자아라고 할 수 있는)뿐 아니라 남의 성기마저 자기 것이나 다를 바 없나보다. 바 주인은 밑도 끝도 없는, 장황한 독백(대화가 전혀 아닌)으로 튀니지 어느 호텔에서 자신이 겪은 우여곡절을 늘어놓는다(음식은 맛이 갔고, 튀니지 젊은 놈들은 모두 염치 체면도 없이 자기에게 작업을 걸더라고, 마치 위선자처럼 비난하는 투로 계속 설명한다). 난 몽마르트르에 가서 한 놈 찾아야지 하는 생각을 하고 있었다.

기분이 꼬여 볼테르 거리에선 건수를 하나도 잡지 못한 게 어쩌면 그 때문일 거다. 비바람이 세차서 굵은 빗방울이 뚝뚝 떨어지고, 길에는 차가 많다. 밤이 되어도 전혀 건수가 안 잡힌다(오후 다섯 시에 이곳으로 오면 건수가 많다는 건 소문의 신기루일 뿐). 그러고 있는데 꽤나 곱상한 얼굴에 갈색 머리, 키가 크고 좀 이색적인 남자가 다가온다. 거친 프랑스어를 쓴다. 난 그가 브르타뉴 지방 출신인 줄 알았다. 그런데 아니다. 헝가리 인 어머니와 러시아 출신 백인 아버지 사이에서 태어났단다. 유고슬라비아 인이란다(아주 온순하고 단순하다). 심근경색으로 많이 아프다던 마담 마들렌이 식당 주방에서 불쑥 나오는데, 뚱뚱한 몸집으로 절뚝거리며 힘들게 걷는다. 그녀가 일하는 주방 식탁 위에 가지 하나가 아무렇게나 뒹굴고 있다. 잘생긴 모로코 인이 마침 주방에서 나오면서, 내게 무척이나 작업 걸고 싶다는 듯 한참 쳐다본다. 그가 식당에서 나를 기다릴 판이니 나는 다시 아래층 식당으로 내려가는데, 그는 내가 그 자리에서 당장 자기를 붙잡지 않아서 실망한 것 같다(다음날 만나자는 막연한 약속). 나는 양호한 몸 상태로 가볍게 그 식당을 나오면서 여전히 다이어트 생각을 하고, 빵 한 덩이를 사고(매우 간소하게 먹지만 딱히 금하는 음식은 없는 식이요법을 하자고 마음먹고), 빵이 아주 바삭해서 그 끄트머리를 조금 뜯어 먹는다. 우리집 새 기압계의 기압을 조정하기 위해 라프 대로에 표시된 현재 기압을 보러 가려고 굳이 복잡하게 갈아타가며―나도 참 고집스럽지―올라탄 전동차에 빵 부스러기가 떨어져 흩어진다. 택시를 타고 집에 오는데, 세차게 바람이 불고 비가 내린다. 집에 와서는 그냥 빈둥거린다(그릴에 구운 빵과 페타 치즈를 먹는다). 그러다가 쾌락(혹은 그 부산물)들을 '계산'하는 버릇을 없애야 한다고 혼잣말하면서, 다시 외출하여 드라공 영화관에 새로 개봉한 포르노 영화를 보러 간다. 늘 그렇듯―어쩌면 평상시보다 한층 더―한심하다. 옆자리에 앉은 남자에게 작업을 걸 엄두는 나지 않는다. 걸면 낚이긴 할 텐데(거절당하면 어쩌나 하는 병신 같은 두려움). 암실로 내려간다. 번번이 나 혼자 내팽개쳐지는 시련을 겪는 이 지사한 에피소드가 여전히 찜찜하기만 하다.

1979년 9월 10일

어제, 오후 느지막이, 플로르 카페에서 파스칼의《팡세》를 읽고 있었다. 내 옆자리에는 날씬하고 새하얀 얼굴에 잔털이 없는, 예쁘장하면서 어딘가 기이한, 관능적인 면은 없는 (인조가죽 바지를 입은) 십 대 소년이 앉아 있었다. 그는 메모지 낱장에 적힌 문장들과 수식들을 다시 공책에 베껴 쓰느라 바빴다. 시를 베끼는 건지 수학 공식을 베끼는 건지는 알 수 없었다. 눈썹이 시커멓고 빨간 스웨터를 걸친 '다니'라는 놈팡이가 내 곁으로 오더니 시트롱 프레세*를 한 잔 마신다. 그의 말인즉 샌드위치를 너무 많이 먹어서—게다가 때로는 온종일 아무것도 먹지 않아서—배가 아프단다. 자기는 여전히 정해진 숙소가 없다고 한다. 묵직한 두 손은 축축이 젖어 있다. 밖에는 비바람이 몰아치고, 비가 후드득 떨어진다. 당연히 택시는 없다. 사월 T. 오늘 저녁, 비정상적인 점이라고는 어딜 봐도 없이 보통 때 입는 회색 양복에 빨간 셔츠를 받쳐 입은 그와 함께, 우리는 보팽제 식당에 가는 걸 포기하고 투르농 거리의 작은 중국 식당으로 간다. 사월은 침울해 보이고, 저녁 시간은 더디게 가고, 나는 따분하고, 우리 옆자리에 앉은 사람들

---

*citron pressé. 생레몬즙에 물을 탄 음료

에게 관심이 간다. 작달막한 베트남 인 종업원은 풍만한 몸매의 흑인 여자에게 일정 간격으로 계속 수작을 건다. 프랑스 인 둘 중 하나는 꽤나 미남이다. 그는 소지품 넣는 작은 가방을 옆에 두고 그 위에 열쇠들을 올려놓았다. 또 한 남자는 두 번이나 소변보러 아래층으로 내려간다. 두 사람은 테니스 이야기를 하며, '플러싱 미도우즈'니 '윔블던'이니 하는 말을 지극히 프랑스식으로 발음하고 분홍색 포도주를 마신다. 그렇지만 이 밤은, 7월에 시작된 우리의 유희가 어떤 식으로든 매듭지어져야 하는 밤이었다. 사월이 내게 확답을 줘야만 했다. 하지만 나는 더 이상 사월에 대한 욕망이 없고, 피곤해서 이 유희를 끝낼 열의조차 없다. 나는 아무 말도 하지 않았고, 물론 그도 아무 말이 없었다. 결국 이것이 이중 의미를 함축한 대답이었던 것이다. 욕망을 말끔히 없애버리는 탁월한 방법. 그건 장기 계약. 그러면 저절로 욕망이 사그라진다. 밤에 잠자리에 들어, 레누치의 《단테》를 다 읽었다. 얼마나 별 볼 일 없는 작품인지! 이 책에서는 얻을 게 전혀 없다.

1979년 9월 12일

리처드 세네트를 위한 미국식 칵테일파티(감탄스러운 자리. 세네트가 남들 앞에서 자기 생각을 표현하지 못한다는 사실을 놓고 온통 사회학적 담론들이 뚜르르 펼쳐진 자리. 마치 표현이라는 것이 너무도 당연하고 우월한 가치라도 된다는 듯이 말이다)에 모랭, 푸코도 왔고, 투렌도 함정에 빠져(칵테일파티라고 공지해놓고 실제로는 토론회였으니까) 참석했는데, 나는 거기서도 오직 올리비에 G와의 약속만 생각하고 있었다. 올리비에와 나는 보팽제 식당에 저녁 먹으러 갔지만, 내가 볼 때 그 식당은 평소보다 맛이 없고 분위기도 별로인 것 같았다. 갈비 요리는 기다려야 하고, 사람은 너무 많고, 샴페인은 덜 차갑고, 기타 등등. 식사 후 우리는 천천히 생탕투안 거리와 리볼리 거리를 걸어 내려갔는데, 날씨는 안온하고 안개가 조금 끼고, 길엔 인적이 드물었다(이 동네는 낮에 활기를 띠는 곳이다). 나는 우리가 어떻게 헤어져야 할까 하는 생각에 조금 푹 빠져 있었다(욕망이라는 것을 표출하는 행동에 대해서는 여전히 망설이면서). 하지만 그러면서도 나는 될 대로 되라는 식으로 행동했다. 우리는 꽤나 괜찮은 대화를 이미 나누었고, O는 기분이 좋아 보였다(그의 눈은 얼마나 아름다운지). 우리는 샤틀레 광장의 어느 카페에서 베르벤 잎차를 마셨다. 분위기가 조금 낯설었다. 그와 헤어지는 일은 마무리가 잘 이뤄졌다. O는 우리 집에 오고 싶어하지 않았다—난 벌써 그걸 예견했고, 그러면서도 혹시 집에 올까봐 두려웠다(내 욕망 때문에도 그렇고, 또 졸려서도 그렇고). 우리는 일요일 점심 때 만나기로 약속하고 샤틀레 광장에서 헤어졌다. 그는 내게 작별의 포옹을 하지 않았지만, 그렇다고 내가 상처 받은 것은 아니었다. 비록 예전에는 상처를 받았지만 말이다. 나는 생미셸 대로와 생탕드레 데자르 거리를 걸어서 집에 돌아왔다. 나는—비록 피곤하지만—여전히 젊은이들의 얼굴을 보고 싶다. 그러나 젊은이들이 하도 많다 보니 얼굴 보는 것도 지긋지긋했다. 도팽에는 거의 사람이 없었다. 테라스 한 구석에 길고 섬세한 손에, 빨간 점퍼를 입은 십 대 흑인 소년이 혼자 앉아 있었다.

1979년 9월 14일

공허한 저녁나절. 폭풍우가 몰아칠 듯한 날씨면서 서늘하다. 비를 품은 바람 한 줄기가 섬뜩하다. 외출하려면 어떤 차림으로 나가야 할지 모르겠다. 결국 N.Y.에서 산, 사실상 새 옷이라 할 수 있는 파란 점퍼를 입는다(이 점퍼에 뗐다 붙였다 하는 안감을 덧대 입었다). 점퍼가 내 몸에 비해 너무 크고, 소매도 너무 길다. 점퍼 안쪽에 호주머니가 없어서 지니고 나갈 이런저런 소지품이 많은데 꼭 그걸 잃어버릴 것만 같은 느낌이다. 예전에 바로 이 점퍼를 입고 나갔다가 시가 넣는 담뱃갑을 잃어버렸다. 벌써부터 '저녁 모임'이 편치 않다. 현대미술관(을씨년스러운 동네에 있는)에서 플레네파 화가들의 전시 개막 행사가 있다. 난 깜짝 놀랐다. 첫눈에 봐도 아름답고 빛나고, 색채감 가득하다는 생각이 든다. 나를 따분하게 만드는 사람들은 내가 잘 아는 이들, 이론가들, 우울한 화가들(드바드, 칸, 드죄즈)이다. 전시장엔 사람이 많고, 개막식다운 대화들이 오간다. ("거지 같은 그림들이 많지만, 다 그런 건 아니야." 천박한 안경잡이 신사가 수첩에 뭔가 쓰면서 말을 한다. 도발적인 공격성을 띤 채 전시회장을 휩쓸고 다니는 건장한 체구의 두 남자에게 던지는, 성의 없고 겁먹은 대답인 듯하다.) 솔레르스, 플레네를 만나보고 나서, 전시회를 오랜 시간 둘

러보는 법이 절대 없는 나는 예의에 어긋나지 않게 슬쩍 나와버린다. 뤼시앵 네즈와 함께 알마 교橋 쪽으로 조금 걸어간다. 뤼시앵은 매우 친절한 사람이지만, 그가 하는 말에는 도저히 동조할 수가 없다(하지만 그가 하는 말은 상대방을 치켜세우고, 무조건적이다. 아마도 그 점 때문에 동조할 수 없는 걸까? 왜냐하면 그런 말을 들으면 난 '손발이 오그라드는' 지경이 될 수밖에 없고, 대답하기 곤란하게 만드는 사람에겐 전혀 호감이 가지 않기 때문이다). 동조할 수 없는 것은 땀투성이에다 관능이라고는 조금도 없는 그의 몸도 마찬가지다(특히 몸이 그렇다). 나는 짐나즈 공연장에서 하는 해롤드 핀터의 〈노맨즈 랜드〉 초연에 간다고 해놓고 따분해서 아직 가지도 않았는데 벌써 몸이 마비된 것 같은 느낌이다—어쩌면 내가 점퍼 바람이기 때문인지도 모르겠는데, 거기 갈까 말까 망설여진다. 샴페인 한 잔 마시고 싶은데, '셰 프랑시스' 바bar에 가서 마실 거다. 거기는 식당이다. 바는 오직 남자들끼리 떠들어대는 장소일 뿐이며, 남자들은 거기서 서로들 볼 일을 보고 자기 지폐도 그대로 꺼내놓는다. 난 지하철을 탄다. 마치 무슨 힘든 일이라도 하러 가는 것처럼. 본누벨 거리, 모든 게 을씨년스럽기만 하다. 날씨는 차갑고, 인류는 늙다리처럼 무기력하고, 겉멋만 잔뜩 부린 지저분한 (의자에 지나치게 장식을 덕지덕지 붙인) 작은 식당들이 가득하고, 3류 영화나 포르노 영화

상영관만 잔뜩 있는 곳. 15분 일찍 도착했는데, 점퍼 차림으로 개봉관에서 기다린다고 생각하니 당황해서 뭘 해야 할지 모르겠고, 어디 가서 커피 한 잔 마신대도 15분은 못 채울 거라는 생각에(게다가 그 일대의 카페들은 너무도 후줄근했다) 대로를 따라 걸었다. 그런데 그게 핀터의 연극엔 치명적이었던 거다. 왜냐하면 걷다 보니 평소 내 걸음 속도로 시간을 맞춰 공연장으로 돌아가는 것을 포기해야 할 상황이 됐으니까. (실제로 여기엔 연관성이 전혀 없다.) 난 플로르 카페에 가고 싶었지만 시간이 너무 일렀고, 만약 거기 간다면 저녁 시간이 너무 길게 늘어질 터였다.

영화관을 찾아보았다. 마음에 드는 영화가 하나도 없거나, 이거다 싶은 영화는 이미 시작한 뒤였다. 그러다 보니 피알라 감독의, 대학입학 자격시험 치르는 또래의 십 대들을 주제로 한 영화가 상영 중이었다(J.-L.은 내게 이 영화를 아주 좋게 말했는데, 그 나름으로 보면 맞는 말이다. 즉 미학적 기준을 벗어나, 오직 그의 정적-지적인 느낌에 따른 관점에서는 그 얘기가 맞다). 영화는 한 순간 완벽하기도 했고 사람들이 좋다고 평가할 만한 근거도 있기는 했지만, 나로서는 보기 괴로웠다. 나는 사회적 '환경'의 사실적 묘사를 전혀 좋아하지 않는다. 그리고 이 영화에는 일종의 '젊은'(젊음을 우대하는) 인종차별주의 같은 것이 있었다(나 같은 나이 든 관객은 절대적으로 배제되어 있다는 느낌이 든다). 게다가 지나치게 이성애異性愛 중심적이다. 나는 (젊은이의 꽉 막힌 미래 전망 등등) 자리 잡지 못한 사람들의 아픔에 공감해야 하는 이런 식의, 시류를 타는 메시지를 좋아하지 않는다. 자리 잡지 못한 사람들의 세계 자체가 어리석다. 그런 사람들의 오만함, 그게 바로 이 시대다. 영화관에서 나와 오페라 극장 쪽으로 가다 보니 몇몇 떼거리를 지은 청년들이 있다. 한 소녀가 영화 속에서처럼 깊은 생각에 빠져 있다. 과연 영화는 '진실'하다. 왜냐하면 거리에서도 저렇게 계속되니까. 생제르맹 대로에 이르니 드럭 스토어보다 조금 위쪽에서 아주 잘생긴 백인 놈팡이가 나를 멈춰 세운다. 나는 그의 수려한 외모, 섬세한 손을 보고 깜짝 놀랐지만 겁도 나고 피곤하기도 해서 다른 약속이 있다고 핑계를 댄다. 플로르에서 내 옆에 라오스 인 두 사람이 앉는데 하나는 너무 여자 같은 남자, 또 하나는 '남자' 다운 면이 마음에 드는 녀석이다. 다정한 대화를 조금 나누었지만, 뭘 어쩌라고? (여전히 피곤하고, 나는 신문을 읽고 싶다.) 그들은 자리를 뜬다. 나는 두통 때문에 정신이 멍한 채 고통스럽게 집에 들어와 옵탈리돈 한 알을 먹고, 읽다 둔 《단테》를 계속 읽는다.

1979년 9월 17일

어제, 일요일, 올리비에 G가 점심을 먹으러 왔다. 나는 마음을 다해 그를 기다리고 맞아들였는데, 이런 지극정성은 보통 내가 사랑에 빠져 있다는 증거다. 그러나 점심 먹을 때부터, 그의 수줍음 혹은 거리 두는 태도에 난 두려워졌다. 우리 관계에서 오는 행복감은 이제 전혀 없고, 그런 것과는 거리가 멀다. 나는 그에게, 내가 낮잠 자는 동안 침대 위 내 옆으로 와서 있어 달라고 했다. 그는 아주 상냥하게 침대 쪽으로 다가와 침대 가장자리에 앉더니 그림책 한 권을 읽었다. 그의 몸은 아주 멀리 있어서, 내가 그쪽으로 한 팔을 뻗어도 아무 느낌이 없는 듯 웅크리고 꼼짝도 하지 않았다. 내게 맞춰주려는 태도는 전혀 없었다. 게다가 그는 재빨리 다른 방으로 가버렸다. 일종의 절망감 같은 것이 와락 밀려들어, 나는 울고 싶었다. 이제 젊은 남자들을 단념해야겠다는 것을 확실히 알게 되었다. 왜냐하면 그들에겐 나에 대한 욕망이 없었고, 나는 때로는 너무 소심하거나 아니면 너무 서툴러 내 욕망대로 그들에게 다가갈 수 없었으니까. 이건 뭐라 딱 잘라 얘기할 수 없는 사실, 상대방을 어떻게 좀 해보려는 내 시도가 번번이 실패함으로써 확인된 사실이라는 것, 내 인생이 서글프다는 것, 요컨대 나는 권태로우며 내 삶에서 이런 관심이나 이런 희망을 내려놓아야 한다는 것. (내 친구들을 하나씩 예로 들어 본다면—더 이상 젊지 않은 친구들은 빼고—매번 실패였다. A., R., J.-L. P., 사월 T, 미셸 D.-R. L.과는 너무 짧았고, B. M과 B. H에겐 욕망이 없고 등등). 이제 내게 남은 것은 어쩌다 만난 놈팡이들뿐일 것이다. (아니 그렇다면 외출해서 뭐하지? 젊은 남자들을 나는 끊임없이 눈여겨보며, 당장 그들을 차지하고 싶어 하고, 그들과 사랑에 빠졌으면 하고 바란다. 앞으로 내가 세상에서 구경거리로 삼을 것이 대체 무엇인가?)—나는 O를 위해, O의 부탁으로 피아노를 조금 쳤고, 그때부터 내가 그를 이미 단념했다는 걸 깨달았다. 그는 두 눈이 매우 아름답고, 순한 그 얼굴은 긴 머리 때문에 더 부드러워 보인다. 섬세한, 그러나 가 닿을 수 없고 수수께끼 같은 존재. 부드러우면서도 먼 거리에 있는 존재. 피아노를 치고 나서 나는 일할 것이 있다고 하며 그를 보내버렸다. 이미 끝났다는 것을 알면서. 이 친구뿐만 아니라 그 무엇—젊은이의 사랑—이 끝났다는 것을 알면서.

해설 _ 현재의 소설:
메모, 일기 그리고 사진

이 책에 실린 네 편의 글을 하나로 묶을 수 있는 범주는 책 제목처럼 'incidents'이라 할 수 있다. '소소한 사건들' 혹은 '사소한 일들'로 번역되는 이 단어의 어원은 '위에서 떨어진 것' 혹은 '불시에 나타난 것'이다. 그것은 한가로운 일상에 갑자기 들이닥친 작은 사건 또는 롤랑 바르트의 표현대로 '모험aventure'이다. 하지만 이 작은 사건은 바르트에게 '그때, 그곳에서' 발생한 과거의 사건이 아니라 '지금, 이곳에서' 일어난 현재의 사건이다. 소설의 관점에서 보면 그것은 과거의 소설 혹은 기억의 소설이 아니라 '현재의 소설'이다. 이것은 바르트가 생애 말년인 1970년대 꿈꿨던 새로운 형식의 글쓰기, 새로운 종류의 소설을 의미한다.

프랑스 최고 교육 기관인 콜레주 드 프랑스Collège de France에서 1978년부터 1979년까지 2년간 강연한 〈소설의 준비 La Préparation du roman〉에서 바르트는 마르셀 프루스트Marcel Proust식의 '기억의 소설'과 자신의 '현재의 소설'을 대립의 축으로 설정했다.[1] 하지만 그는 우선 자신이 좋아하는 소설은 작가가 자신의 어린 시절에 겪은 추억을 재료로 쓴 기억의 소설이라고 고백한다. 대표적인 작품이 프루스트의《잃어버린 시간을 찾

---

[1] Frédéric Martin-Achard, "《Le nez collé à la page》: Roland Barthes et le roman du présent", in *Trans-* n 3, 2007

아서À la recherche du temps perdu》와 같은 '상기想起anamnèse'적인 소설이다. 바르트에 따르면 상기는 기억의 메커니즘에 따라 작동하기 때문에 체계적이지 못하고 파편적이다. 인간의 기억의 작동 방식은 시간적으로 불연속적이며(시간 순서대로 기억이 떠오르지 않으며), 전체적이지 않고 부분적이다. 나아가 모든 기억은 절대로 순수하지 않고 중립적이지 않으며 언제나 '왜곡'을 동반하기 때문이다. 바르트는 이 왜곡의 속성 때문에 기억은 소설에서 창의적일 수 있다고 지적한다.

하지만 왜곡에 바탕을 둔 프루스트식의 기억이 소설을 쓰는데 아무리 창의적일지라도 그것은 자신의 기억 방식과 다르다는 것을 바르트는 깨닫는다. '연상association'에 바탕을 둔 프루스트의 기억이 비록 소설에서 전통적인 시간 순서, 이야기의 체계적인 구조를 뒤흔들지라도 기본적으로는 작품의 연속성과 흐름을 보증한다. 반면 바르트는 자신의 사유 방식이 프루스트의 기억 방식보다 훨씬 불연속적이고 파편적이며 순간적이라고 여겼다. 때문에 그는 자신의 새로운 소설의 글쓰기 방법으로 과거/기억과 단절하고 현재에 집중한다: "소설적인 것romanesque의 충동은 나의 과거로 향하지 않는다. 그것은 내가 나의 과거를 좋아하지 않기 때문이 아니라 '과거 일반'을 좋아하지 않기 때문이다. (…) 나의 감정은 현재, 나의 현재와 정서적, 관계적, 지적 차원에

서 연결된다."²

1977년 10월 어머니가 돌아가신 후³ 바르트는 과거와 더욱 단절하고 현재, 그의 표현대로 '새로운 삶Vita Nova'에 주목한다. 그에 따르면 문학은 언제나 '삶la vie'을 통해 성취된다. 그러나 바르트는 '과거의 삶'은 작가에게 안개에 쌓인 것처럼 불분명하며 그것이 내뿜는 불빛은 희미하다고 언급한다. 그에 반해 '현재의 삶'이 글을 쓰는 자에게 뿜어대는 불빛은 강력하고 뚜렷하다. 바로 이런 이유 때문에 바르트는 과거의 소설을 버리고 '현재의 소설'을 쓰기로 한다. 하지만 그는 "(소설의) 이야기récit와 현재적 글쓰기를 과연 결합할 수 있을까?"라며 고민에 휩싸인다. 왜냐하면 작가가 '이야기'를 쓰려면 자신의 처한 시간(현재)과 일정한 거리가 필요하기 때문이다. 그는 과연 현재가 지닌 근접성과 이야기를 작성할 때 필수적인 (시간적) 거리두기라는 모순에서 어떤 자세를 취할 것인가?

2 Roland Barthes, *La Préparation du roman I et II, Cours et séminaires au collège de France* (1978-1979 et 1979-1980), Paris, Seuil, 《Traces écrites》, 2003, p.45

3 어머니 죽음에 대한 바르트의 깊은 상실감은 그의 저서 《밝은 방La Chambre claire》에 어머니의 어린 시절 사진 한 장을 소재로 심도 있게 피력되어 있다.

바르트는 소설의 전통적인 이야기 구조(연속적, 시간적 구조), 따라서 시간적 거리두기를 포기하고 현재의 근접성을 선택한다. 그는 현재를 즉각적으로 기입하는 방식, 지금 자신에게 '돌발적으로' 다가오는 것들(incidents)을 즉시 적어내는 자세 혹은 그날그날 '일기'를 적는 사람의 자세를 취한다. 그는 한 눈은 종이에, 다른 눈은 그에게 들이닥치는 현재의 사건들에 집중하면서 보는 것과 쓰는 것의 '동시성'을 추구한다. 이런 측면에서 글쓰기가 과거의 소설에서는 '기억'에 의존했다면 현재의 소설에서는 '적기notation'에 의지한다. 하지만 현재를 어떤 형식의 '적기'에 담을 것인가? 현재를 즉각적으로 적을 수 있는 글쓰기 형식은 무엇일까? 그것은 바르트에게 '짧은 메모Notation d'incidents'와 '일기 Journal'이다.

이 책에 실린 두 번째 글인 〈소소한 사건들Incidents〉은 바로 자신이 꿈꿨던 현재의 소설을 짧은 메모라는 형식으로 담은 작품이다. 1968-9년 모로코에 머물면서 작성된 이 '미니 텍스트(바르트 표현)'는 짧게는 두 줄, 대부분은 다섯 줄 이내로 씌어졌다. 그리고 여기에 실린 많은 이 미니 텍스트들 사이에는 시간과 이야기가 전혀 연결되지 않는다. 이 짧은 메모들은 그의 지적대로 일종의 '하이쿠'이다. 1966-8년 사이에 일본을 여행한 후 그는 하이쿠에 가장 근접한 서양의 문학적 글쓰기 형식이란 과연 어떤 형태일까를 고민했다. 그리고 그는 곧바로 모로코에 머물면서 하이쿠에 근접한 새로운 형식의 글쓰기를 실험했다. 결국 모로코에서 작성된 〈소소한 사건들〉의 실체는 바르트식의 하이쿠인 셈이다. 이 때문에 그는 〈소설의 준비〉에서 많은 지면을 하이쿠에 대한 분석에 할애한다.

하이쿠는 바르트에게 '길거리의 생생한 글쓰기'의 형식이다. 그것은 일상의 소소한 사건들을 '즉각적으로' 기입하는 형식이다. 그것은 '절대적인 즉각성의 출현'을 가능하게 하기 때문에 시간의 측면에서 "현재를 기록하는 대표적인 형식"[4]이다. 그것은 프루스트의 '회상rémémoration'과 달리 현재, 즉 지금, 여기를 가리킨다. 이처럼 길거리, 즉각성, 순간성, 현재성이 특징인 하이쿠는 문학의 모든 형태 중에 가장 사진의 속성에 가까이 다가가 있는 형식이다.

결국 바르트가 하이쿠 형식으로 써내려간 〈소소한 사건들〉은 전형적으로 '사진적인' 글이다. 그것은 어떤 의미에서 글로 쓴 '스냅 사진'이라 할 수 있다. 우선 〈소소한 사건들〉의 미니 텍스트들은 마치 여러 장의 서로 연관 없는 사진처럼 파편적이다. 그것은 모로코를 여행하는 사진가가 여기저기에서 무작위로 촬영한 수많은 스냅 사진들을 어지럽게 모아놓은 듯하다. 이런 종류의 사진들이 일

---

[4] 앞의 책, p.53

관성 있게 하나로 연결되지 않듯이 이 미니 텍스트들은 시간, 공간, 의미의 측면에서 불연속적이고 단절되어 있다. 그리고 이 모든 메모는 저자가 마치 지금, 바로 이곳에서 벌어진 사건을 직접 관찰하면서 써내려간 느낌을 독자에게 부여한다. 왜냐면 이 글들에서 시제는 거의 현재형으로 쓰여졌으며 묘사된 공간은 발화자의 위치(카페, 기차, 호텔 창문 등)를 지시하기 때문이다.

글쓰기에서 시간의 현재형과 공간에서 발화자의 존재는 '사건과 기록의 동시성'을 유발해 독자에게 생생함과 현장감을 부여한다. 그것은 정확히 사진을 촬영하는 방식과 유사하다. 즉 기록하는 자 혹은 촬영하는 자가 지금, 이곳에서 사건이 벌어지는 현장과 마주하여 사진을 촬영하고(현재형), 그 사진을 보는 자는 촬영자와 사건이 동시에 그곳에 있었음(바르트의 유명한 '그곳에 있었음ça a été'의 테제)(과거형)을 무의식적으로 깨닫는 방식이다. '소소한 사건들'에서 각각의 짧은 메모는 의미의 측면에서도 명확하지 않다. 그 글은 비록 자신의 본질이 '언어'임에도 의미 전달의 장점을 지닌 언어의 속성을 배신한다. 그것은 오히려 모든 재현 수단 중 의미 전달의 측면에서 가장 취약한 '이미지'의 속성을 닮았다. 소소한 사건들에서 각각의 미니 텍스트의 의미가 애매할 뿐만 아니라 미니 텍스트들끼리 의미의 연결도 불투명하다. 그것은 여러 장의 사진 이미지들 사이에 분명하면서도 일

관련 혹은 연속된 의미가 부재하다는 것과 닮았다.

하지만 〈소소한 사건들〉의 글쓰기 형식과 사진의 형식이 지닌 유사점은 이보다 더욱 근본적이다. 왜냐면 바르트에 따르면 이 둘은 존재론적으로 '인덱스index'라는 기호의 범주에 속하기 때문이다. 이 글들은 사건의 내용, 의미보다는 사건 그 자체를 가리키기만 한다. 그것은 하이쿠처럼 사물을 묘사하지 않으며 어떤 의미도 추구하지 않고 가장 순수하게 '지시désignation'로 환원된다. 이 짧은 글들은 기존의 시와 반대로 감춰진 함축된 의미를 가리키지 않는다. 즉 하이쿠처럼 상징을 거부하고 오직 지시체만을 가리키는 '문자 그대로의littéral' 글이다: "하이쿠는 (사물을) 묘사하지 않고 정의하지 않으면서 순수하고 유일한 지시로 야위어간다. 하이쿠는 말한다. 그것, 이것이야."[5] 이 문장은 정확히 바르트가 9년 후에 저술한 《밝은 방》에서 사진은 순수한 '지시 언어' 혹은 인덱스라는 것을 강조하기 위해 언급한 부분과 일치한다: "사진은 그것, 그거야, 이게 그것이야! 라고 말하지만 그 외에 아무것도 말하지 않는다."[6]

[5] Roland Barthes, *L'empire du signes*, Oeuvres complètes de Roland Barthes, IV, ed. Eric Marty, Paris, Seuil, 2002, p.415

[6] Roland Barthes, *La Chambre claire: Note sur la photographie*, Paris, Cahiers du Cinéma Gallimard Seuil, 1980, p.16

순수한 지시에 속하는 〈소소한 사건들〉은 사물의 깊이가 아니라 사물의 '표면'만을 가리킬 뿐이다. 이 같은 '표면성' 때문에 이 글들은 바르트의 사진 개념에 정확히 일치한다. 왜냐면 사진은 그에게 깊이가 없는 평평한 표면이기 때문이다: "나는 사진을 깊이 파고들 수도 꿰뚫어 볼 수도 없다는 이 법칙을 따라야 한다. 나는 정지된 표면처럼 시선으로 사진을 쓸고 가는 일밖에 할 수 없다. 사진은 모든 의미에서 평평하다는 사실, 이것은 인정해야할 것이다."7 바로 이 때문에 바르트는 사진이 비가시적인 깊이와 의미를 감추고 있는 '어두운 방camera obscura'이 아니라 깊이와 의미가 사라지고 오직 표면만을 밝게 보여주는 '밝은 방camera lucida'이라고 주장한다. 〈소소한 사건들〉은 사진처럼 지시체를 선명하게 가리키기만 할 뿐 지시체에 대해 그 어떤 것도 가르쳐주지 않는다. 바로 여기에 바르트의 핵심적인 미학 개념인 '중립le neutre'이 있다. 즉 〈소소한 사건들〉과 같은 짧은 글쓰기, 하이쿠, 그리고 사진은 그의 중립 미학을 실현하는 여러 형식이다. 작가는 사물에 대해 모든 판단과 해석을 중지하고 사물 자체를 있는 그대로 보여줄 때, 즉 사물을 '재현représentation'하는 것이 아니라 그대로 '제시présentation'할 때 그 사물은 역설적이게

7 앞의 책, p.164

도 블랑쇼의 지적처럼 "가능한 모든 의미의 깊이를 부른다."[8]

〈소소한 사건들〉이 사진과 유사하다면 그것은 사진의 장르 중에 다큐멘터리 사진 혹은 포토에세이에 가깝다. 하지만 이 다큐멘터리 사진은 전통적인 의미의 다큐멘터리, 즉 사회적 다큐멘터리가 아니라 개인적 다큐멘터리에 가깝다. 바르트는 모로코의 사회, 정치, 문화적 현실보다는 그곳에서 자신이 직접 경험한 사적인 체험에 관심을 두기 때문이다. 즉 모로코에서 바르트의 감정에 '갑자기 들이닥친(incident의 어원적 의미)' 소소한 사건들에 주의를 기울이기 때문이다. 그는 자신의 감정을 건드리는 이 소소한 사건들에 대해 어떠한 학문적, 비평적 태도로 접근하지 않는다. 그는 대신 현상(소소한 사건들)을 마주한 자신의 신체가 느끼는 체험, 감정을 더 중요시한다. 이 같은 '주관적' 연구 방법은 《밝은 방》에서 사진을 읽어낼 때 취했던 방식과 완벽히 동일하다.[9]

〈소소한 사건들〉에서 바르트의 시선을 끌었던 것들은 무엇일까? 그것은 우선 카페, 길거리, 식당, 역 등 일상의 공간에서 발생한 작은 사건들로 '문화적으로' 혹은 '교양으로' 쉽게 해석되지

---

[8] 앞의 책, p.165
[9] 《밝은 방》의 3장 '출발점으로서의 감정'에서 자세히 논의된다.

않은 애매한 일들이다. 이 '애매한' 사건이 그의 시선을 붙잡는 것은 많은 경우 일원적 요소가 아니라 모순된 두 요소가 공존하는 '이원적' 요소로 구성되어 있기 때문이다. 이것은 바르트의 용어로 말하자면 스투디움studium과 푼크툼punctum이라는 이질적인 요소가 공존하는 경우이다. 단일한 요소로만 이뤄진 사건은 그의 관심을 끌기에는 충분치 않다. 단일한 요소를 가로지르는, 그 요소와 충돌하는 다른 요소가 있어야 한다. 예컨대 대립되는 두 가지 색 혹은 깨끗함과 지저분함이라는 두 요소가 충돌할 경우는 그의 시선을 포착하기에 충분하다: "아흐메드라는 사람이 역 근처에 있는데, 그가 입은 하늘색 스웨터 앞섶에는 찌든 주황색 얼룩이 커다랗게 져 있다." 이외에도 소리의 대조, 인물 성격의 대조, 문화의 대조, 상황의 대조 등이 〈소소한 사건들〉 여기저기에서 나타난다.

　　바르트의 시선은 또한 사건의 전체보다는 사건의 디테일로 향한다. 예컨대 '항공사 여직원이 항공권을 만지고 있는 손톱'과 '하얀 바지에 묻은 얼룩'에 주목한다. 이것은 정확히 'incident'가 지닌 원래 의미에 부합한다. 그것은 갑자기 다가온 것 중에서 작은 것, 혹은 디테일을 의미하기 때문이다. 바르트는 〈소소한 사건들〉에서 '문화라는 것을 넘어선 것' 또는 '말로는 표현할 수 없는 것'에 관심을 둔다. 예컨대 "한 사내아이의 (…) 늠름한 모습이 문화라는 것을 아예 넘어선 자애의 정수를 보여준다. 다른 말로는 표현을 못하겠다"에서 그는 철저하게 반反문화, 반교양적인 태도를 보인다. 이원적 시선, 디테일, 반문화는 정확히 바르트가 《밝은 방》에서 언급한 푼크툼이 지닌 여러 속성들에 해당한다. 하지만 〈소소한 사건들〉에서 모든 글들이 이 같은 푼크툼의 내용만으로 채워진 것은 아니다. 거기에는 푼크툼의 범주에 포섭이 되지 않은 유머, 초현실, 문명 비판, 환상, 그리고 끊임없이 등장하는 동성애의 성적 시선 등이 복잡하게 혼합되어 있다.

바르트가 '현재의 소설'을 쓰기 위해 고안한 두 번째 형식은 '일기'이다. 그는 일기 형식의 글쓰기를 통해 자신이 살고 있는 현실, 자신을 둘러싼 실재를 생생하게 포착하고자 했다. 그는 글쓰기에서 필연적으로 분리되는 두 순간—사건과 기록—을 한 순간으로 일치시키고자 했다. '지금, 여기'를 즉석에서 기록하고자 하는 그의 현재의 소설과 일기 형식은 궁극적으로 미래의 영화 촬영 기술을 통해 완성될 수 있다고 그는 상상했다: "바람이 불어와 종이 더미가 휙휙 날리고 흩어지기 시작했다. 나는 혼잣말을 했다. '이거 무슨 영화 같잖아! 내가 이 장면을 촬영해서 어느 영화 한 장면으로 넣어야겠는 걸.' 나는 좀 엉뚱한 공상에 빠져들었다. 이 장면을 즉시 영화로 찍을 수 있는 기술(내 셔츠 단추 위치쯤에 완벽한 카메라 한 대를 설치하는 것)을 상상했다."

바르트는 일기가 하나의 문학 작품이 될 수 있다는 생각(혹은 의심)을 하면서 1979년 〈텔켈〉지에 '심의Délibération'라는 글을 게재했다. 그는 이 글에 자신의 일기(1977년 여름 일기와 1979년 4월 25일자 일기)를 공표했다. 그리고 1979년 8월 24일부터 9월 17일까지 25일간 쓴 일기가 〈파리의 저녁들Soirées de Paris〉이라는 제목으로 이 책의 말미에 실려 있다. 바르트는 현재의 소설을 쓰기 위한 방법으로 왜 하필 일기 형식에 관심을 가졌을까? 그 이유는 두 가지이다. 첫째, 일기는 '아무런 수고 없이' 글쓰기의 즐거움을 제공하기 때문이다: "무엇을 말해야 할지 고민할 필요가 없다. 재료는 즉각적으로 여기에 있다."[10] 둘째, 일기는 현재를 기록할 수 있는 이상적인 형식이기 때문이다. 바르트는 일기 형식을 통해 그가 꿈꾸는 현재의 소설을 완성하고자 했다.

바르트가 1979년 여름 25일간 쓴 일기에 등장하는 주요 공간은 카페-길거리-집이다. 시선은 1인칭 관찰자적 시선이며 이전의 〈소소한 사건들〉보다는 훨씬 긴 문장을 통해 자신이 관찰한 것(카페 풍경과 거리 풍경)을 치밀하게 묘사한다. 아주 가끔 사회적, 정치적 내용(마르크스, 호메이니)이 언급되지만 일기

---

[10] Roland Barthes, "Délibération" in *Oeuvres Complètes de Roland Barthes* V, p.668

의 절대적인 비중을 차지하는 것은 일상적이고 사적인 것들이다. 그리고 매번 일기의 마지막은 많은 경우 현재 읽고 있는 독서(샤토브리앙, 파스칼, 단테 등)로 끝을 맺는다. 그러나 일기에 가장 빈번하게 등장하는 핵심 주제는 성적인 것이다. 모든 글쓰기 형식 중에 가장 사적인 글쓰기 형식인 일기체의 형식을 빌려 그는 자신의 가장 사적인 내용—즉 공개하거나 출판할 수 없는 내용—인 동성애적 욕망을 피력한다. 성적 파트너를 찾기 위해 파리의 어두운 밤거리와 포르노 극장을 떠도는 비참한 자신의 모습을 묘사하는가 하면, 파트너에게 약속 장소에 오라고 심지어 돈까지 주는 자신의 부끄러운 모습을 고백하기도 한다. 그리고 더 이상 젊은 남자에게 매력적이지 않은 자신의 늙고 초라한 모습에 깊은 슬픔을 느끼기도 한다.

〈파리의 저녁들〉이라는 이 글은 진짜 일기일까? 아니면 일기의 형식을 빌려 쓴 '현재의 소설'일까? 이 글을 엄밀히 분석하면 전통적인 일기 형식과는 거리가 있다. 먼저 이 글은 하루의 전체 기록이 아니라 특정한 시간인 저녁에 벌어진 일만을 기록했다. 또한 바르트가 그날 저녁이 아니라 다음날 아침에 이 글을 적었기 때문에 발생한 사건과 기록한 시점에는 약간의 시간차가 있다. 마지막으로 바르트는 일기의 전통적인 문체(약자 사용, 동사 줄여 쓰기, 명사 나열 등)를 거부하고 소설의 문체 형식을 그대로 유지했다. 따라서 이 글은 일기처럼 보이지만 일기의 형식과 내용에서 많이 벗어나 있다. 이것은 일기의 일부 형식을 빌려 쓴 일종의 새로운 소설에 해당한다. 이 '소설'은 저자가 인위적으로 무언가를 꾸며서 이야기를 전개했다기보다는 실재를 즉각적으로 포착한 느낌을 독자에게 부여한다. 이것은 결국 1970년대 바르트가 추구한 제3 형태의 소설, 현재의 소설의 새로운 형태이다.

결국 쪽지 글, 하이쿠, 일기, 그리고 사진은 1970년대(그의 생애 말년 10년 정도) 바르트의 모든 미학적 사유의 기초이다: 글쓰기의 순간성, 현재성, 재현의 죽음과 제시의 강조, 언어의 죽음과 지시체 강조, 텍스트와 사진의 지시로의 환원, 의미의 부재, 사물의 강조 등. 이런 측면에서 바르트는 역설적이게도 가장 반反문학적, 반언어적, 반재현적, 반예술적이다. 결국 그는 문학에서 '과거'와 '재현'이라는 불투명한 덮개를 열어 제치고 '현재'와 '실재'를 온몸으로 품고자 했던 또 다른 종류의 리얼리스트이지 않았을까.

박상우

사진이론, 서울대학교 미학과 교수

포토넷이 만든 책

윤미네 집
윤미 태어나서
시집가던 날까지

국립중앙도서관
삼성경제연구소 추천

유작《마이 와이프》와 함께 20년 만에 다시 세상에 나온《윤미네 집》. 빼어난 구도도, 번쩍이는 아이디어도, 선명한 화질도 가슴 먹먹한 아빠의 부정을 넘어설 순 없는 법. 사진에 있어 가장 중요한 것이 렌즈 너머 대상을 바라보는 사진가의 따뜻한 시선이라는 것을 일러준다.

전몽각 지음 | 190×270mm | 208쪽 | 28,000원

사진이 모든 것을 말해주었다
워홀에서 히틀러까지,
688명이 말한 사진

로버트 카파, 클린트 이스트우드, 체 게바라, 빌 게이츠 등 사진을 예찬하고 저주하고 비꼬았던 688명의 사진에 관한 말들을 모았다. 때론 사진 한 장이 수백 장의 글보다 많은 말을 할 때가 있다. 구구절절한 사연을 늘어놓지 않아도 사진 한 장에 눈물을 흘리기도, 미소를 짓기도 한다.

전민조 쓰고 엮음 | 145×195mm | 480쪽 | 24,000원

사진가의 여행
사진가 14인의
매혹의 세계 여행

미술평론가이며 사진과 역사에 조예가 깊은 저자가 방대한 관련 서적과 오랜 유럽 여행을 바탕으로 사진가들의 다양한 여행 이야기를 담았다. 막심 뒤 캉부터 조지 로저, 존 톰슨, 리 밀러, 레몽 드파르동까지 역사에 깊은 족적을 남긴 거장들의 귀한 사진과 그 시대의 사진장비도 엿볼 수 있는 흥미로운 책이다.

정진국 지음 | 150×220mm | 288쪽 | 16,000원

마음을 쏘다, 활
일상을 넘어
비범함에 이르는 길

활쏘기를 통해 선을 실천한 독일의 철학자와 일본 활쏘기의 명인이 나눈 비범함에 이르는 깨달음에 관한 대화. 출판된 지 60여 년이 지났음에도 마음을 다스리려는 사람들에게 끊임없는 지침을 주고 있는 세기의 고전으로, 작가 파울로 코엘료와 사진가 앙리 카르티에 브레송에게 영향을 준 책으로 유명하다.

오이겐 헤리겔 지음 | 정창호 옮김 | 128×188mm | 152쪽 | 12,000원

깊고 충실한 사진 강의
제대로 만든 음식 같은 사진 입문서

단순히 예쁘게 사진 찍는 기술만을 나열하는 여타 사진 입문서들과 달리 카메라를 다루는 방법에서부터 출발하여 렌즈, 노출, 디지털 기술, 편집, 프린트, 전시, 관리, 저장, 조명, 사진 감상, 사진의 역사 및 가벼운 사진 이론에 이르기까지, 사진의 거의 전 영역을 아우른다.

바버라 런던, 짐 스톤 지음 | 216×272mm | 240쪽 | 24,000원

방랑

사진통신사 감마의 창립 멤버, 매그넘의 회원으로 전 세계의 전장을 누빈 전설적 종군사진기자이자 정상급 인물사진가, 숱한 영화제에서 수상한 영화감독인 드파르동이 삶의 완숙기에 들려주는 사진과 인생 이야기.

레몽 드파르동 지음 | 정진국 옮김 | 192쪽 | 135×220mm | 16,000원

내 사진을 찍고 싶어요
전세계 아이들과 함께한 사진과 글쓰기 교육

40년 이상 전세계 아이들에게 사진으로 생각과 느낌을 표현하는 방법을 가르쳐온 웬디 이월드가 창안한 LTP(Literacy through Photography)교육 안내서로, 이 과정을 통해 자신의 재능을 찾고 자기 삶의 주인공이 된 아이들의 놀라운 경험이 담겨 있다. 사진 교육에 관심이 많은 교사나 학부모라면 꼭 읽어야 할 책.

웬디 이월드, 알렉산드라 라이트풋 지음 | 정경열 옮김 | 174×229mm | 184쪽 | 16,000원

작품 촬영
회화에서 설치 작품까지

현장에서 많은 작가들과 호흡을 맞춰 온 저자가 회화 등 평면작품에서부터 입체와 설치, 동영상, 멀티미디어, 퍼포먼스 등 다양한 영역에서의 촬영 노하우를 전한다. 촬영기술뿐 아니라 작가와 작품을 제대로 드러내기 위해 어떻게 사진에 접근하면 좋을지 일러 주는 미술계 선배의 조언이 값지다.

조영하 지음 | 208쪽 | 170×230mm | 18,000원

로버트 카파, 사진가

"만약 당신이 찍은 사진이 별로 좋지 않다면, 그건 당신이 충분히 가까이 다가가지 않았기 때문이다."
포토저널리즘의 전설, 사진에이전시 매그넘의 창립자, 위대한 종군사진가 로버트 카파의 삶과 사랑이 그림책 작가 플로랑 실로레의 3년 반을 쏟은 역작을 통해 우리 앞에 되살아난다.

플로랑 실로레 지음 | 임희근 옮김 | 양장본 88쪽 | 228×306mm | 19,000원

천재 아라키의 애愛정情사진
아라키 노부요시, 사진을 말하다 2

노골적인 현실 묘사로 찬사만큼이나 많은 오해를 받아왔던 아라키 노부요시, 그가 나이 일흔에 이르러 전하는 사진과 인생 이야기. 사랑하는 아버지, 어머니, 아내, 지로의 죽음을 겪으며 자신이 어떻게 삶에서 사진을 배웠는지를 노년에도 여전한 입담에 담아 유쾌하게 풀어낸다.

아라키 노부요시 지음 | 이윤경 옮김 | 128×188mm | 264쪽 | 16,000원

우리가 사랑하는 다큐멘터리 사진가 14인 1,2
사진가 14인의 매혹의 세계 여행

우리 시대를 기록한 사진가 14명 각각의 개성 있는 사진들과 그들 작업세계에 대한 궁금증을 정확하게 파고드는 인터뷰 글을 1, 2권으로 나눠 담았다. 인상적인 사진과 글을 통해 작품을 보다 깊이 있게 만날 수 있는 기회를 선사한다.

송수정 글, 포토넷 기획 | 권태균 외 13인 사진 | 185×255mm | 각 168쪽 | 각 13,000원

사진가의 가방 1,2
사진으로 가는 비밀통로

사진가를 사진가로 있게 해주는 도구, 사진가들의 '비밀병기'를 전격 공개한 책. 62인 사진가들의 가방에서 끄집어낸 수백 종의 장비와 물품들, 그리고 그 속에서 쏟아져 나온 무수한 이야기들을 두 권으로 나눠 담았다. 사진을 사랑한 사진가들에 대한 기록을 엿볼 수 있다.

포토넷 편집부 | 185×257mm | 각 272쪽 | 각 18,000원